मालवी मल्होत्रा

मालवी मल्होत्रा अदाकारा हैं। उन्होंने पंजाब विश्वविद्यालय से बीसीए और मुम्बई विश्वविद्यालय से एमसीए किया है। नाटक से अभिनय की शुरुआत की। फ़िल्मों में अभिनय का सफ़र जारी है। उन्होंने 'अभ्युहम्' (मलयालम), 'थिरागबदरा सामी' (तेलुगू), 'ज़ोरावर दी जैक्विलीन', 'हाय बिबिये किथे फ़स गये' (पंजाबी) फ़िल्मों में अभिनय किया है।

ई-मेल : malhotramalvi@gmail.com

अल्फ़ाज़ सितारों जैसे

मालवी मल्होत्रा

कोरक
राजकमल

कोरक राजकमल पेपरबैक्स में
पहला संस्करण : 2025

कोरक राजकमल पेपरबैक्स

राजकमल प्रकाशन प्रा. लि.
1-बी, नेताजी सुभाष मार्ग, दरियागंज
नई दिल्ली-110 002
द्वारा प्रकाशित

शाखाएँ : अशोक राजपथ, साइंस कॉलेज के सामने, पटना-800 006
पहली मंजिल, दरबारी बिल्डिंग, महात्मा गांधी मार्ग, प्रयागराज-211 001
1, अनमोल सोराबजी सन्तुक लेन, धोबी तलाव, मरीन लाइंस, मुम्बई-400 002
वेबसाइट : www.rajkamalprakashan.com
ई-मेल : info@rajkamalprakashan.com

विकास कम्प्यूटर एंड प्रिंटर्स
ट्रॉनिका सिटी-201 102
द्वारा मुद्रित

मूल्य : ₹299

ALFAAZ SITAARON JAISE
Poetry by Malvi Malhotra

ISBN : 978-93-6086-055-4

दादी को

क्रम

ग़ज़लें

यहाँ मैं ग़ालिब के एक शेर के हवाले से बात करना चाहूँगा—

कोई मेरे दिल से पूछे तेरे तीरे-ए-नीमकश को,
ये ख़लिश कहाँ से होती जो जिगर के पार होता...

किसी भी शख़्स में इस ख़लिश का होना ज़रूरी है... यह ख़लिश ही उसे नाइंसाफ़ियों के ख़िलाफ़ आवाज़ बुलन्द करने का हौसला देती है...वो चाहे मुहब्बत हो, अदावत हो, समाज हो कि सल्तनत...

जहाँ-जहाँ से इंसान फ़रेब खाता है, उसकी चीख़, फिर उस शफ़्फ़ाफ़ शीशे की तरह होती है जिससे पत्थर आके टकराता है...

मालवी मल्होत्रा (शबनम) की शायरी उसी साफ़ शीशे की मानिंद है, जिससे न जाने कितने पत्थर टकराकर कुछ गहरे ज़ख़्म दे गए...वो अपनी शायरी में ज़माने के हर दर्द को बहुत क़रीब से महसूस करती हैं...

जब इंसानियत बुरी तरह से घायल होती है, तो वो वक़्त के हुक्मरानों की स्तब्धता पर बड़े ही सभ्य और विनम्रता के साथ उनकी धज्जियाँ उड़ाकर रख देती हैं...

नज़्म 'किस दिल से जाने सोते हैं' इसका प्रमाण है...

एक बाहिम्मत शायरा जो सियासत को भी अच्छी तरह समझती है...और क्या ख़ूब कहती है...

दरिया से वो साज़िश करने वाला है
बादल तो सहरा पे बरसने वाला है...

—कपिल सिब्बल

Malviji

After having read your poetry I must say that a great sharia lives in you.

You are definitely a poetess with depth and clarity of thoughts...

May you go places beta...

—Anu Malik

कमल नाथ
पूर्व मुख्यमंत्री, मध्य प्रदेश
भारत

26 मई, 2020

ग़ज़लें तथा शायरी मैं पसन्द करता हूँ, हिन्दुस्तान के काफ़ी कवियों और शायरों से परिचित भी हूँ।

शायरी एक ऐसी विधा है जो समाज और सत्ता के विवेक को झकझोरती है, इसकी सशक्त अभिव्यक्ति कई बार सत्ता और समाज के चरित्र में बदलाव भी लाती है।

मालवी मल्होत्रा ने अपनी शायरी से अन्तर्मन के द्वंद्व और समाज की मौजूदा परिस्थितियों पर सशक्त अभिव्यक्ति दी है। उनकी शायरी की यह पुस्तक जनमानस को प्रभावित करेगी और अपनी बेहतरीन शायरी से वे शायरी की दुनिया में एक बड़ी शख़्सियत बनेंगी।

मेरी मालवी मल्होत्रा जी को उनकी शायरी की किताब के लिए हार्दिक शुभकामनाएँ।

आपका

(कमल नाथ)

After reading few ghazals and nazms, I feel there is a lot of depth in your poetry. Most of them are of lyrical genre.

I want to quote this which I liked a lot...

पढ़ूँगी फिर से उन्हें जिन्हें छोड़ आई हूँ...
मैं उन किताबों के कुछ वर्क मोड़ आई हूँ।

Congratulations for your book and my best wishes for you

future endeavours.

—Madhur Bhandarkar

Filmmaker

अल्फ़ाज़ सितारों जैसे

मेरी कहानी मेरी ज़ुबानी

किसी ने शेक्सपियर से पत्र लिखने के लिए कहा था, तो उसने जवाब में कहा, यह मेरे लिए बड़ा मुश्किल काम है, हाँ, मैं उपन्यास लिखकर दे सकता हूँ...ठीक उसी तरह मैं भी मानसिक रूप से काफ़ी खींचातानी में हूँ...कि अपनी शख़्सियत के बारे में क्या लिखूँ...और वह भी संक्षेप में...वैसे 'ग़ालिब' का यह शेर भी मेरी शख़्सियत से बहुत क़रीब है...

बनाकर फ़क़ीरों का हम भेस 'ग़ालिब'
तमाशाए अहले करम देखते हैं

ख़ैर मुझे अपना कच्चा चिट्ठा खोलना भी ज़रूरी है... लफ़्ज़ 'कच्चा' मैंने इसलिए इस्तेमाल किया कि मैं बचपन से ही चार्ली चैपलिन की तरह बड़ी ख़ुराफ़ाती थी, और एक नंबर भांडाफोड़ भी, राज़ किसी का हो, कैसा भी हो, मैं हज़म नहीं कर सकती थी, मेरी सादगी और शराफ़त का यह आलम था कि फ्रिज में रखे सारे बादाम चट करके ख़ुद ही घरवालों से पूछती थी यहाँ बादाम रखे थे कहाँ गए? कुल मिलाकर मैंने ज़िन्दगी में जितनी धमाचौकड़ी की है वह सब मुझे याद है। लेख की शुरुआत मैं अपने परिचय से करना चाहती हूँ

घर का नाम मालवी मल्होत्रा है, अब चूँकि शेर-ओ-अदब में 'तख़ल्लुस' की एक परम्परा है, तो यहाँ मैं शबनम के नाम से अपनी पहचान रखती हूँ। हिमाचल प्रदेश के एक छोटे से

शहर मंडी में एक पंजाबी परिवार में मेरा जन्म हुआ था। मेरे पापा सुशील मल्होत्रा वहाँ एक बिज़नेसमैन हैं, मेरी मम्मी वंदना मल्होत्रा हिमाचल के एक सरकारी स्कूल में शिक्षा विभाग से जुड़ी हैं, बहुत प्यारा-सा एक भाई मयंक है, मेरी दादी...मुझे दुनिया की सबसे ज़्यादा प्यार करने वाली महिला...और मेरी ताईजी मनजीत कौर...उन्होंने मेरी परवरिश की थी, और मुझ जैसी नटखट बाला की ज़िन्दगी में यशोदा मैया की भूमिका निभाई थी।

ख़ैर फिर से मैं अपनी रूदाद-ए-ज़िन्दगी की तरफ़ लौटकर आती हूँ...हाँ आगे बढ़ने से पहले मैं आपको एक दिलचस्प जानकारी देना चाहती हूँ...

मेरे अन्दर जो यह 'मिज़ाह' है वह दरअसल मुझे अपने पिताजी से विरासत में मिला है, उनकी संजीदा बातों पर भी बेसाख़्ता हँसी आ जाती है...

एक बार मुम्बई में एक शूट के दौरान, मैं लगभग एक मंज़िल की ऊँचाई से ज़मीन पर आ गिरी...बहुत चोट आई... दर्द की शिद्दत से किसी बे-आब मछली की तरह मैं बिस्तर पर तड़प रही थी...तभी मंडी से पापा का फ़ोन आया, मैंने बुरी तरह कराहते हुए उन्हें बताया कि मैं एक मंज़िल की ऊँचाई से ज़मीन पर गिर गई। वे अपने लव-ओ-लहज़े में बड़े संजीदा होकर बोले...हाँ तो तुम्हारी मम्मी और रिश्तेदारों को एक ही मंज़िल बताऊँगा, अब वे एक के आगे कितनी मंज़िलें बढ़ा लें, यह उनका काम है, हो सकता है आखिरी रिश्तेदार तक ख़बर पहुँचते-पहुँचते बात तीसरी या चौथी मंज़िल तक पहुँच जाए... अगले ही पल मैं सारा दर्द भूलकर खिलखिलाकर हँस रही थी।

कोई बहुत ज़्यादा गर्व की बात नहीं, लेकिन मुझे इस बात का भी एजाज़ हासिल है कि मैं तमाम स्कूल और मोहल्ले में सबसे ज़्यादा उधम काटने वाली, शैतान और शरारती लड़की थी

जिसने तुग़लक़ की तरह सारे मोहल्ले में कोहराम मचा रखा था। हाँ, यह बात मैं बड़ी दीदा-दिलेरी से कहना चाहूँगी...कि अगर ऐसा कोई दिन नहीं था जब आस-पड़ोस के लोग मेरी शिकायत का पुलिंदा मेरे घर लेकर आते हों, घरवाले बड़ी ख़ूँख़्वार आँखों से मुझे देखते थे, लेकिन यहाँ तो बेग़ैरती की ऐसी चादर तान रखी थी कि फ़र्क़ ही नहीं पड़ता था...कुल मिलाकर यहाँ भी, मेरा किरदार 'ग़ालिब' के मिसरे के साथ खड़ा था—

गालियाँ खा के बेमज़ा न हुआ

मैं आने वाले किसी भी तूफ़ान से बेख़बर अपनी कारस्तानियों में मस्त-ओ-मगन थी, बल्कि अब तो, मैं आइंस्टीन की तरह काफ़ी गहराई से अपनी शरारतों के नए और जदीद फ़ार्मूलों पर ग़ौर करने लगी थी, कि अब क्या किया जाए!

हालाँकि मैं अपनी ताई जी की नज़रों में दुनिया की सबसे शरीफ़ और सीधी बच्ची थी। अगर कोई ग़लती से कह दे कि मैं बहुत शरारती हूँ, तो वह उस भले आदमी पे कृपाण निकाल के खड़ी हो जाएँ, वह यक़ीन ही नहीं कर सकती थीं कि मैं इब्ने बतूता, अरस्तू, ख़लील जिब्रान की तरह अपनी नई-नई ख़ुराफ़ातों पे तजुर्बा करती हूँ। मोहल्ले की तंग गलियों में धमाचौकड़ी करने का मज़ा ही कुछ और होता है, लेकिन तंग गलियों में खड़ी गाड़ियाँ हमेशा बच्चों के खेल में रोड़े अटका दिया करती थीं, सोचा इन नास-पीटी गाड़ियों का क्या किया जाए? एक लम्बी रिसर्च के बाद मुझे आइडिया आया कि इन सब की हवा निकाल दी जाए...। तो चुन-चुन के एक-एक गाड़ी की हवा निकाली गई, सिर्फ़ पापा की गाड़ी छोड़कर, क्योंकि मैं अक्सर उनसे ज़िद्द करती थी कि मुझे मुम्बई घूमना है, तो वे मुझे गाड़ी पर बिठा के बाज़ार का चक्कर लगा आते थे। मुझे लगता था यही मुम्बई है। अब अगर पापा की गाड़ी

की हवा निकालती तो मुझे मुम्बई कौन घुमाता! मज़े की बात यह है कि अपनी इसी नादानी पे पकड़ी गई, चाँद पे वो जूते पड़े कि चारों तबक़ रौशन हो गए, लेकिन बेशर्मी तेरा आसरा!

एक दिन अचानक मेरे घर में, जैसे ज़लज़ला-सा आ गया, तैश में भरी हुई कुछ महिलाएँ एक बच्ची को साथ लिये मेरे घर में वारिद हुईं। बच्ची को देखकर बिलकुल ऐसा लग रहा था जैसे दलाई लामा के कुनबे से हो। बच्ची के सर के बाल और भौंहें ग़ायब थीं...बच्ची की माँ ने घर में वह कोहराम खड़ा किया कि अल्लाह की पनाह, पूरे घर का माहौल साम्प्रदायिक तनाव के घेरे में आ गया। बहुत जल्द घरवालों पे यह रहस्य भी खुल गया कि अच्छी-भली और ख़ूबसूरत बच्ची को दलाई लामा के कुनबे से जोड़ने का काम उनकी साहबज़ादी ने किया है। दरअसल मैंने अपनी सहेली को न्यू हेयर स्टाइल देने के लिए कैंची से उसके सारे बाल कतर दिए थे, और रेज़र ब्लेड से उसकी अबरुएँ साफ़ कर दी थीं। कुछ दिनों तक तो लड़कियाँ मुझसे उस ग्रुप की तरह ख़ौफ़ज़दा रहीं जो राजस्थान में औरतों की चोटियाँ काट ले जाता था।

ख़ैर बच्चों में एक अच्छी बात यह होती है कि वे बड़ी से बड़ी बात को बहुत जल्द भुला देते हैं। मैं भी एक बच्ची थी, लिहाज़ा मैंने भी अपनी आपराधिक हरकतों को बहुत जल्द भुला दिया। कुछ ही दिनों में मेरे आसपास का माहौल साम्प्रदायिक से डेमोक्रेटिक हो गया। कुछ ही दिन ख़ैरियत से गुज़रे थे कि एक दिन एक औरत अपनी बच्ची को लेकर आई जो ख़ून से लथपथ थी। संसद वाली जूतम-पैज़ार के बाद पता यह चला कि मैंने अपनी सहेली पर एक नया एक्सपेरिमेंट किया था उसके कान छेदने का...फिर बड़ी मुश्किल से मामला रफ़ा-दफ़ा हुआ... जूतों की तवाज़ो से बचने के लिए मैंने एक फ़ौलादी ज़िरहबख़्तर ओढ़ रखा था...और वह था पढ़ाई में अव्वल दर्जे के नंबरों से

पास होना...फिर पता नहीं कहाँ से अचानक मेरे अन्दर एक शऊर बेदार हुआ, अब मैंने पूरी तरह से ख़ुद को बदलने का फ़ैसला कर लिया...हिन्दी में जिसे कहते हैं एक दृढ़ निश्चय। वह यह कि अब मैं घर वालों को शिकायत का कोई मौक़ा नहीं दूँगी, स्कूल की छुट्टियों के वक़्त मैं अक्सर घर में अपने काम में मसरूफ़ रहती या फिर अपनी दादी और ताईजी के कन्धों पर झूलती रहती। कुल मिलाकर मैं घरवालों का भरोसा जीतना चाहती थी।

मुझे इस बात का ज़रा भी इल्म नहीं था कि मैं पूरी तरह से घरवालों का भरोसा खो चुकी हूँ। फिर अचानक एक दिन मेरे सीने में जैसे बरछी-सी गड़ गई, जब मुझे यह बताया गया कि आगे की पढ़ाई करने के लिए मुझे हिमाचल छोड़कर चंडीगढ़ के एक हॉस्टल में जाना है। मैं इस फ़ैसले से अपने अन्दर तड़पकर रह गई...उम्मीद की एक आख़िरी किरण यह थी, शायद दादी और ताईजी मुझे ख़ुद से हरगिज़ जुदा नहीं करेंगी... आख़िर मैंने जब से होश सँभाला...मैं उन्हीं से लिपटकर तो सोती आई हूँ, लेकिन वे बस रोती रहती थीं...मेरे बचाव में कभी आगे नहीं आईं। वह जानती थीं कि उनका बेटा जो कर रहा है वो सही कर रहा है, वह मेरी ज़िन्दगी को तहज़ीब-ओ-तमद्दुन के पैकर में ढालना चाहता है, मुझे सुधारना चाहता है, मुझे अनुशासन सिखाना चाहता है, मेरी ज़िन्दगी के एक-एक लम्हे को आरास्ता करना चाहता है। लेकिन फिर भी मैं हॉस्टल न जाने की जंग लड़ रही थी, मेरी हालत उस मज़लूम फ़िलिस्तीनी की तरह थी जो इज़राइल के बारूदी टैंकों के सामने निहत्था खड़ा होता है। ख़ैर जबरन मुझे हिमालय की वादियों से उठाकर चंडीगढ़ के एक हॉस्टल में दाख़िल करा दिया गया। दिल पे वह क़यामत गुज़री कि उफ़...कई महीने रोते-रुलाते गुज़रे। जब आँखों के आँसू ख़ुश्क हुए...तब जाना...यह मेरे शऊर की पहली सीढ़ी

है। घर से बिछड़ने का दर्द मुझसे बेहतर कौन समझ सकता है, यह मेरी पहली जुदाई थी, और वह भी ऐसी जुदाई...कि घर के लिए परदेसी हो गई...गाँव, शहर, घर सब बहुत दूर छूट गए, एक अच्छा शेर याद आ गया...

घर से निकले हैं आँसुओं की तरह
वापसी का कोई सवाल नहीं

मैं अक्सर अपनी नम आँखें लिये हॉस्टल की सीढ़ियों पर पहरों बैठी रहती, कभी तसव्वुर में भैया के साथ खेलते हुए कहती, अब मैं किसी को परेशान, किसी को तंग नहीं करूँगी, प्लीज़ मुझे घर बुला लो। कभी सोचती क्या मुझे याद करके पापा की आँखें भीग जाती होंगी, क्या ताईजी मेरे कपड़ों की तह लगाकर आज भी अलमारी में रखती होंगी, क्या दादी ने अपने बिस्तर से मेरा तकिया हटा दिया होगा??...यह सब कुछ जो मेरी ज़िन्दगी में रूनुमा हो रहा था...उसने यकसर मेरी ज़िन्दगी को बदलकर रख दिया था। आहिस्ता-आहिस्ता मुझे हॉस्टल में रहने की आदत पड़ गई, हॉस्टल के रूल्स एंड रेगुलेशन काफ़ी सख्त थे, टीवी देखने पर पाबन्दी थी, मोबाइल फ़ोन भी नहीं था, इसलिए आमतौर पर हॉस्टल की सीढ़ियों पर बैठकर, मैंने डायरी लिखना शुरू कर दिया—जिसमें अपना सारा दर्द उड़ेल दिया करती थी। कहीं से कभी दर्दीली शायरी की किताब मिल गई...तो उसे पढ़ने में बड़ा मज़ा आता था। शायद मेरे अन्दर शायरी की बुनियाद रखी जा रही थी। बस हुआ यह कि मैं अपनी डायरी में आड़ी-तिरछी शायरियाँ लिखने लगी थी, जब कभी हॉस्टल से बाहर जाने का मौक़ा मिलता था...तो ट्रकों और ऑटो रिक्शा पे लिखे शेर पढ़कर बड़ा लुत्फ़ उठाती थी। ग़ालिब की तस्वीर शायद मैंने पहली बार हॉस्टल में देखी थी। मुझे लगा बड़े मियाँ शायद स्वतंत्रता सेनानी हैं, बाद में मुझे

पता चला कि हज़रत बहादुर शाह ज़फ़र के दौर में बहुत बड़े शायर गुज़रे हैं। अब शायरी के जरासीम (कीटाणु) तो पैदा हो चुके थे, शायरों के साथ दिलचस्पी बढ़ना लाज़िमी थी, लिहाज़ा शायरों को खँगालना उनके बारे में मालूमात हासिल करना मेरा एक मशग़ला बन गया। कुछ ही दिन की जद्दोजहद के बाद मैंने शायरों की एक लम्बी सूची तैयार कर ली और पहली फ़ुर्सत में, मैं बाज़ार से 'मीर', 'ग़ालिब', 'फ़ैज़', 'साहिर' और न जाने कितने शायरों के दीवान उठा लाई। आते ही पूरे जोश में आस्तीनें चढ़ाकर उन्हें पढ़ने बैठ गई। थोड़ी देर में सारा जोश काफ़ूर हो गया। सब कुछ सर के ऊपर से गुज़र गया। गुमान यह था कि रफी, लता, किशोर के गानों जैसी शायरी होगी, लेकिन यहाँ मामला उसके बिलकुल बरअक्स था। अब मरता क्या न करता, किताबें आ गई थीं तो पढ़ना भी ज़रूरी था, अब वह समझ में आएँ न आएँ...हाँ यह ज़रूर हुआ कि आहिस्ता-आहिस्ता उर्दू के लफ़्ज़ों से मेरी आशनाई होने लगी, और लफ़्ज़ मेरी ज़ुबान पर बैठने लगे। अब मुझे पढ़ने में कुछ मज़ा आने लगा था, इस पढ़ाई का मुझ पर एक और असर हुआ था, वह यह कि मेरा रोना बन्द हो गया था। वर्ना मेरे रोने का यह आलम था कि मैं अपनी ज़िन्दगी के तमाम आँसू हॉस्टल में बहा चुकी थी। अचानक मेरे सर पे एक गाज और गिरी... कि मुझे विज्ञान पढ़ना है, मैंने घर पर फ़ोन लगाया और ख़ूब गिड़गिड़ाई, कि मैं विज्ञान नहीं पढ़ना चाहती, मैं फ़ाइन आर्ट्स में एडमिशन लेना चाहती हूँ लेकिन मेरी चीख़-पुकार का घरवालों पे कोई असर नहीं हुआ। शायद घरवालों को फ़ाइन आर्ट्स में मेरा कोई भविष्य नज़र नहीं आ रहा था, यह मरहला मेरे लिए किसी काले पानी की सज़ा से कम नहीं था। अब जिसके ज़ेहन में मीर, ग़ालिब, फ़ैज़, साहिर, जोश, फ़िराक़ बुरी तरह घुस गए हों तो आइंस्टीन और न्यूटन उसके पल्ले क्या पड़ेंगे? मैं विज्ञान

की क्लास से इस तरह भागती जैसे मौलवी को देखकर शैतान भागता है, इस दरमियान मैंने अपनी बा-कमाल शायरी की कई डायरियाँ भर ली थीं, जिनकी ख़ूबी यह थी कि सब की सब बे-बहरी और ऊटपटाँग शायरी थी, जिन्हें मैं अपनी सहेलियों को पकड़-पकड़ कर बहुत ही बेग़ैरत और ढीठ होकर सुनाया करती थी। वैसे मैंने कभी अपनी किसी सहेली को, अपने ऊपर हँसने या मज़ाक़ उड़ाने का मौक़ा नहीं दिया क्योंकि मैं एक ऐसी बे उज्र लड़की थी जो अपनी हिमाकत पर ख़ुद ही सबसे पहले हँसती थी, और ख़ुद ही अपना मज़ाक़ उड़ा लेती थी। कैम्पस में मेरी शायरी इतना ग़ज़ब ढा चुकी थी कि अब मेरी सहेलियाँ मुझे दूर से देखकर सर पे पाँव रखकर भागने लगी थीं। मैं किसी खिसियानी बिल्ली की तरह सोचती, ये कितनी अनपढ़ और जाहिल लड़कियाँ हैं, आख़िर जैसे-तैसे मैंने सर पे विज्ञान का गट्ठर उठाए अपना स्कूल मुकम्मल किया, उसके बाद बीसीए (ग्रेजुएशन) भी चंडीगढ़ से ही पूरा किया। इस दरमियान पाँच साल का अर्सा बीत गया। हैरतअंगेज़ तौर पर मुझे इन पाँच सालों का पता नहीं चला, क्योंकि मैं कर वही रही थी जो मुझे करना था, वह तो बस घरवालों की ख़ुशी के लिए मैंने अपने ऊपर विज्ञान का ठप्पा लगा लिया था। ताज्जुब तो मुझे इस बात पर था कि विज्ञान जैसी ख़ुश्क़ पढ़ाई में भी मेरे नम्बर इतने अच्छे कैसे आए? फर्दर एजुकेशन के लिए घर में महाभारत छिड़ी हुई थी कि किस यूनिवर्सिटी में मेरा दाख़िला कराया जाए। मैंने कई यूनिवर्सिटी के इंटर्न दिए, जिसमें पास भी हुई, लेकिन दिल यह कहता था कि मुझे मुम्बई जाना चाहिए।

पापा तो मुझे मुम्बई भेजने के लिए राज़ी थे...लेकिन मेरे कुछ शुभचिन्तक रिश्तेदारों के सीने पर साँप लोटे हुए थे। वे किसी हाल नहीं चाहते थे कि मैं मुम्बई जाऊँ...या आगे पढ़ाई करूँ। बहरहाल क़िस्मत मुझे मुम्बई ले आई, यहाँ मैंने मुम्बई

यूनिवर्सिटी से एमसीए किया, एमसीए करने के तुरन्त बाद मुझे मुम्बई में ही एक बहुत बड़े अन्तरराष्ट्रीय बैंक में नौकरी मिल गई, मेरे हिमाचल के घर पर इस ख़ुशी में ज़बरदस्त जश्न मनाया गया, पूरे मोहल्ले में लड्डू बाँटे गए। घर पर अभी ढोल-मजीरे की आवाज़ें मद्धम भी नहीं हुई थीं, कि तीसरे ही दिन मैंने अपनी नौकरी से इस्तीफ़ा दे दिया। मैंने महसूस किया था कि मैं अपनी आत्मा के ख़िलाफ़ जा रही हूँ। पापा को छोड़कर पूरे घर में मायूसी छा गई। एक बार फिर से मैं घरवालों की नज़र में नाकारा साबित हो गई, अब मेरे सामने दो चीज़ें थीं जिनका मुझे इंतख़ाब करना था। एक विज्ञान और दूसरा आर्ट। मैं गहरी सोच में थी कि मुझे किसके साथ जाना चाहिए...आख़िरकार आइंस्टीन और न्यूटन हार गए, जीत फ़िक्रे-ओ-फ़न की हुई, शेर-ओ-सुख़न की हुई, कॉलेज के दौरान ही मैं यहाँ थिएटर से जुड़ गई थी, एक्टिंग की बहुत सी बारीकियाँ मेरी समझ में आ चुकी थीं जिसका फ़ायदा यह हुआ कि मुझे बहुत जल्द कई एड फ़िल्में मिल गईं, और फिर कलर्स टीवी का एक बड़ा शो मेरे हिस्से में आ गया।

हिन्दी फ़िल्म के अलावा मुझे साउथ की दो बड़ी फ़िल्मों में भी काम करने का मौक़ा मिला। इस सिलसिले को मैं आगे भी बरक़रार रखना चाहती हूँ। अख़बारों में मेरी ख़ूब पज़ीराई हुई। इंटरव्यू आए, तस्वीरें छपीं, जिससे घर वालों की सारी नाराज़गी दूर हुई, मेरी हमेशा यह कोशिश रही...कम काम करूँ लेकिन साफ़-सुथरे काम करूँ।

मुझे टीवी स्क्रीन पर देखने की ख़ुशी, सबसे ज़्यादा मेरी ताईजी को थी। उसी दौरान मुझे दूसरा गहरा सदमा पहुँचा, जब मुझे यह पता चला कि मेरी ताईजी, यानी मेरी यशोदा मैया

हिमाचल मंडी के घर से हिजरत करके कीरतपुर पंजाब चली गईं। इस ख़बर से मैं बुरी तरह टूट गई। न जाने क्यों मंडी का मेरा अपना घर, मेरे लिए एकदम से पराया हो गया। मेरी आँखों के सामने ताईजी का चेहरा ठहर गया था। उनके हाथ में थमा, वह एक-एक निवाला याद आ रहा था जिसे वह प्यार से मेरे मुँह में रखा करती थीं। मेरा दिल अन्दर से कहता था...मेरे घर छोड़ने के बाद उस घर में ताईजी को अच्छा नहीं लगता होगा, इसलिए वह चली गईं। कीरतपुर उनका आबाई वतन था, मैं अक्सर बचपन में उनके साथ कीरतपुर जाया करती थी। मुम्बई से भी मौक़ा मिलते ही मैं उनसे मिलने कीरतपुर पहुँच जाती थी, कीरतपुर, यह वही ऐतिहासिक शहर है। जहाँ बाबा गुरदत्ता और बाबा वुड्ढन शाह का मज़ार शरीफ़ एक साथ हैं, अपनी ताईजी के साथ मैं जब भी गुरदत्ता दर्शन के लिए जाती थी तो मेरी हाज़िरी बाबा बुड्ढन शाह की दरगाह पर ज़रूर होती थी। यह वही बाबा बुड्ढन शाह हैं जिन्हें गुरुनानक देव ने लम्बी उम्र की दुआ दी थी। इतिहास के हवालों से पता चलता है वे पाँच सौ वर्षों तक जीवित रहे। वे एक जंगल में कुछ बकरियों और शेर के साथ रहा करते थे। शेर, बाबा की बकरियों की रखवाली किया करता था। कहा जाता है बुड्ढन शाह बाबा ने तमाम ज़िन्दगी सिर्फ़ बकरी का दूध इस्तेमाल किया। और उसी पर ज़िन्दा रहे। एक बार गुरुनानक साहब उनसे मुलाक़ात के लिए पहुँचे, तो बाबा ने शेर से कहा गुरुनानक साहब को बकरी का दूध पिलाओ। शेर ने तुरन्त गुरुनानक साहब की क़दम-बोसी की, और ताज़ा मिट्टी के प्याले में गुरुनानक साहब के लिए बकरी का दूध लेकर आया। गुरुनानक साहब ने दूध पीते हुए कहा...बाबा मेरी छठी पदशाही को भी यही दूध पिलाना। उस वक़्त बुड्ढन शाह बाबा काफ़ी बुज़ुर्ग थे। उन्होंने गुरुनानक साहब से कहा, उस वक़्त तक मैं कहाँ ज़िन्दा रह पाऊँगा?

गुरुनानक देवजी ने कहा मेरी छठी पदशाही तक आप जीवित रहेंगे। कई सौ वर्षों के बाद जब गुरु हरगोविन्द साहब, बुड्ढन शाह बाबा से मिलने पहुँचे, तो बाबा उन्हें देखकर मुस्करा दिए और बोले, मैं एक शर्त पे तुम्हें दूध पिलाऊँगा, पहले तुम मुझे मेरे नानक साहब के रूप में आकर दिखाओ, गुरु हरगोविन्द साहब तुरन्त गुरुनानक साहब के रूप में आ गए। बाबा ने उन्हें दूध पिलाया...और फिर दुनिया से पर्दा फरमा गए, गुरु हरगोविन्द साहब ने तमाम इस्लामी तौर-तरीक़े के मुताबिक़ उनकी आख़िरी रसूमात अदा कीं, और कीरतपुर में गुरदत्ता साहब में ही उनकी दरगाह बनवाई। मैं सोचती हूँ, हो सकता है यह सुख़नवरी मुझे उसी आस्ताने से मिली हो।

बहरहाल मुम्बई में मुझे अच्छा काम मिलने लगा था और मैं बहुत ख़ुश थी। इसी दौरान मेरे पास घर से एक फ़ोन आया...सुनकर मेरे मुँह से एक दिलख़राश चीख़ निकली। मेरे चारों तरफ़ एक अँधेरा सा छा गया, मुझे फ़ोन पर बताया गया, कीरतपुर में मेरी परवरिश करने वाली मेरी ताईजी गुज़र गई, मुद्दतों मैं इस सदमे से बाहर नहीं निकल पाई। महीनों तनहा बैठ के रोती रही, शायद यह मेरी ज़िन्दगी का सबसे बड़ा दर्द था जिसने पूरी तरह से मुझे शायरी की तरफ मोड़ दिया—

कुछ वक़ियात ने मुझे बख़्शा शऊरे ग़म
कुछ हादसात ने मुझे जीना सिखा दिया

यह शायद मुझ पर उन तमाम बुज़ुर्गों और गुरुओं का फ़ैज़ है जिसका नतीजा 'अल्फ़ाज़ सितारों जैसे' आपके सामने हाज़िर है।

—मालवी मल्होत्रा

ग़ज़लें

कहानी इश्क़ो-जुनूँ की थी सिर्फ़ ख़्वाबों तक
न जाने आ गई कैसे मेरी किताबों तक

चुभो के सीने में नश्तर गया सवालों के
रुका कहाँ वो सितमगर मेरे जवाबों तक

सजा के हाथ में दुल्हन के किसने मेंहदी ये
अकेला छोड़ दिया क्यों इसे ख़राबों तक

वो चुन के फूल सभी ख़ार मुझ में छोड़ गया
था उसका इश्क़ मेरे हुस्न के गुलाबों तक

तक़ाज़ा इश्क़ का था ख़ून-ए-दिल निचोड़ते हम
तुम्हारी चाहतें लेकिन रहीं शवाबों तक

थी लड़की फूल-सी इक जल गई जो 'शबनम' से
रसाई जिसकी रही उम्र-भर हिजाबों तक

दर्द बनकर तुझे रातों को जगाऊँगी कभी
इस बहाने ही सही याद तो आऊँगी कभी

छोड़ जाएगा सरे-राह ख़बर थी मुझ को
उसको एहसास-ए-जुदाई न दिलाऊँगी कभी

तेरी यादों की ही मेहमाननवाज़ी के लिए
मैं तेरे नाम की इक शाम सजाऊँगी कभी

होगा हैरान ये मग़रूर ज़माना इक दिन
पर्दे जब शर्म के आँखों से उठाऊँगी कभी

जिसके इक़रार से डरता है मैं उसको जा कर
बातों-बातों में वही प्यार जताऊँगी कभी

मुझ को 'शबनम' बड़ी आसानी से जो भूल गया
याद आ-आ के उसे ही मैं रुलाऊँगी कभी

न जाने अभी इश्क़ क्या-क्या गढ़ेगा
हँसी की तमन्ना में रोना पड़ेगा

सुनेगा ज़माना जो रो-रो के बातें
वो हँस-हँस के जाकर उसी से जुड़ेगा

मिलन की घड़ी बन गई है जुदाई
मुक़द्दर भी किस-किस से जा के लड़ेगा

कहाँ तक चलूँ मैं कि फिर शाम आई
ये रस्ता न जाने कहाँ पे मुड़ेगा

पता क्या था 'शबनम' मोहब्बत वो कर के
वो लड़का किसी रोज़ इतना लड़ेगा

हम से उजड़े हुए घर बार नहीं देखे जाते
ख़ूँ में लिपटे हुए अख़बार नहीं देखे जाते

कोई बीमार हो पुरसिश को चले आते थे
अब मोहल्ले में वो किरदार नहीं देखे जाते

फिर से इक ताजमहल आ के जो तामीर करें
अब ज़माने में वो फ़नकार नहीं देखे जाते

उस को दिल दे के कभी हम ने न माँगा उस से
हम से भी दुनिया में दिलदार नहीं देखे जाते

सोने-चाँदी में अगर लिपटी हुई लड़की हो
उसमे फिर तय है कि संस्कार नहीं देखे जाते

टूटता देख ले तू आ के हमें ऐ जानाँ
टूटते तारे भी हर बार नहीं देखे जाते

ज़ख़्म उसने भी जुदाई के भर लिये 'शबनम'
हम भी उसके लिए बेज़ार नहीं देखे जाते

उसने लिख्खा है सहेली से कहा करती हूँ
नाम से उसके मैं ख़त खुद को लिखा करती हूँ

चाँदनी तेरी कहीं उसपे भी पड़ती होगी
इसलिए तुझ को मैं ऐ चाँद तका करती हूँ

जब जहाँ नींद की आग़ोश में सो जाता है
जागकर रात में तारों को गिना करती हूँ

जब लगा उसको मेरा प्यार क़फ़स के जैसा
कह दिया मैं ने भी, जा तुझ को रिहा करती हूँ

एक अनजानी-सी ख़ुशबू है वहाँ फैली हुई
चुपके-चुपके मैं जहाँ उससे मिला करती हूँ

न कोई मेरी तरह यार से बिछड़े 'शबनम'
हाथ अपने मैं उठा के ये दुआ करती हूँ

कितने यूसुफ़ हैं ये बाज़ार से दिख जाता है
किस का क्या दाम, खरीदार से दिख जाता है

डिग्रियाँ लेके यहाँ हाथ में फिरते हैं सभी
इल्म तो वो है जो किरदार से दिख जाता है

जु0र्म मुजरिम का छुपाने से नहीं छुप सकता
खुद-बख़ुद जुर्म गुनहगार से दिख जाता है

लब खुलें या न खुलें रूह समझ लेती है
दिल में क्या है ये निगह-ए-यार से दिख जाता है

फूल से गालों का बोसा जो हवा ले जाए
उसके शर्मीले से रुख़सार से दिख जाता है

ज़िन्दगी ने तुझे 'शबनम' जो दिया तोहफ़े में
तेरी ग़ज़लों, तेरे अशआर से दिख जाता है

उससे अब तर्क-ए-ताल्लुक़ की घड़ी हो जैसे
यूँ लगा सीने में बरछी-सी गड़ी हो जैसे

मुद्दतों बाद बरसने लगीं आँखें मेरी
पहले सावन की लगी कोई झड़ी हो जैसे

बन्द भी कर लूँ तो बस तू ही नज़र आता है
तेरी तस्वीर ही आँखों में जड़ी हो जैसे

अब भी इक नूर-सा चेहरे पे है बाकी उसके
रौशनी मेरी कभी उस पे पड़ी हो जैसे

अब न मासूम अदा उसमें, न प्यारी बातें
उम्र से अपनी ये लड़की तो बड़ी हो जैसे

दिल में यूँ बाकी हैं उस शख़्स की धुँधली यादें
कोई रूदाद किताबों में पढ़ी हो जैसे

उसको पाऊँ भी तो किस तरह से पाऊँ 'शबनम'
ज़िन्दगी दूर कहीं जाके खड़ी हो जैसे

मुझ को लाज़िम था मुस्कुराना भी
उसकी दुल्हन को था सजाना भी

क्या ख़बर थी कि आशनाई में
रुख बदल लेगा ये ज़माना भी

कुछ था हम को भी डर बिछड़ने का
कुछ था उसको ये दिल दुखाना भी

ख़ुश हूँ मैं भी ये उससे कहना था
न हुआ मुझसे ये बहाना भी

कब तलक जलते आग में 'शबनम'
इसको इक रोज़ था बुझाना भी

तर्क-ए-उल्फ़त तो इक बहाना था
उसको तो बस मुझे रुलाना था

गुड्डे-गुड़ियों की शादियाँ करना
हाय बचपन भी क्या ज़माना था

हम कि उससे जो इश्क़ कर बैठे
अपनी रुसवाई को बुलाना था

फिर कहाँ चैन उम्र-भर पाया
दो घड़ी उससे दिल लगाना था

दर्द चीख़ा पुराने ज़ख़्मों से
शाख पे जब गुलों का आना था

बनके ख़ुशबू-सा उड़ गया 'शबनम'
राज़ वो हम को जो छुपाना था

हैं याद अब भी हमको वो शामें सुहानी
बुना करते थे हम भी कोई कहानी

तुझे याद आएँ न आएँ वो बातें
हमें याद अब तक हैं बातें पुरानी

तेरे साथ बारिश में भीगी थी इक दिन
दुपट्टे का है आज तक रंग धानी

दग़ा वो ज़माने को आया था देकर
मगर शर्म से थी मैं क्यों पानी-पानी

कहा करती थी मुझसे बचपन में दादी
कि चंदा में रहती है परियों की रानी

मिटाऊँ तो कैसे मिटाऊँ मैं 'शबनम'
है ये दाग़ दिल का किसी की निशानी

मैं इकतरफ़ा चाहत को कैसे निभाऊँ
कि दिल चाहता है तुझे भूल जाऊँ

मोहब्बत में सौदागरी चल रही है
किसे याद रख्खूँ किसे भूल जाऊँ

जो लिखे थे तू ने कभी आँसुओं से
मैं अब किस तरह इन ख़तों को जलाऊँ

मेरी ज़ात तुझ में फ़ना हो गई है
वजूद अपना पाऊँ तो अब कैसे पाऊँ

वो जब से तकल्लुफ़ से मिलने लगा है
मुझे डर है ग़म से कहीं मर न जाऊँ

वो दिल टूटने का जो क़िस्सा है 'शबनम'
मैं सब को ग़ज़ल की जुबाँ में सुनाऊँ

मैं मर जाऊँ मुझ को न इतनी कसक दो
मेरी थोड़ी साँसें बचा कर तो रख दो

कि अब चाँदनी जान खाने लगी है
घटाओं से कह दो कि अब चाँद ढक दो

बहारों के ये फूल तुम को मुबारक
ये काँटे ही बस मेरे दामन में रख दो

मैं क़ासिद की राहों को कब तक तकूँगी
कभी तो मेरे नाम ख़त कोई लिख दो

न रो-रो के थक जाएँ ये मेरी आँखें
न इतना भी तुम अपनी 'शबनम' को दुख दो

दिल तो क्या जाँ भी तुम पे हारी हूँ
कब कहोगे कि मैं तुम्हारी हूँ

वह भी जी भर के आज रोया है
मैं भी कुछ दिल से आज भारी हूँ

उस से बिछड़ी भी तो बहारों में
मैं भी क़िस्मत की कितनी मारी हूँ

काश मैं भी किसी से कह पाती
कोई तो है मैं जिसकी प्यारी हूँ

जाल में मुझ को फाँस कर अपने
बोली दुनिया कि मैं शिकारी हूँ

मुझ पे 'शबनम' सुरूर उसका है
उसकी आँखों की मैं ख़ुमारी हूँ

जो न इज़हार खुल के करता है
दिल ही दिल में वो मुझ पे मरता है

उसको लगती है यूँ मेरी बिन्दिया
जैसे सूरज कोई उभरता है

प्यार मुझ को भी उस से होने लगा
पर जताने से दिल ये डरता है

ज़ख़्म जितने भी देना चाहे दे
चोट खा कर ही दिल सँवरता है

इश्क़ उस को न मुझ से हो जाए
फ़ासले से वो बात करता है

कोई ठुकरा दे जब दुआओं को
फिर मुक़द्दर भी कब सँवरता है

किस तरह ख़ुद को अब समेटूँ मैं
कोई 'शबनम' सा कब बिखरता है

बहते हुए आँसू की क्यों क़द्र न जानी है
कल कहता था मोती है अब कहता है पानी है

बिखरे हुए टुकड़े हैं सीने में मेरे दिल के
फेंके ही नहीं अब तक ये तेरी निशानी है

तू चाँद के पहलू में, और मैं हूँ अँधेरों में
इक तेरी कहानी है इक मेरी कहानी है

इक बार गले लग जा रुत प्यार की आई है
बाग़ों में बहारों में फूलों पे जवानी है

ऐ चर्ख़ गिरा बिजली हर बार नशेमन पर
हर बार बनाएँगे हम ने भी ये ठानी है

कोशिश तो बहुत की पर मरहम न मिला 'शबनम'
खाई है जो उस दिल पर वो चोट पुरानी है

मुहब्बत को अपनी जताया न उसने
कभी अपना कह के बुलाया न उसने

जो कहता था संग-संग जिए और मरेंगे
मैं जब उस से रूठी मनाया न उसने

मैं जब चाँद जैसी चमकने लगी तो
चिराग़ों को घर के जलाया न उसने

कि चाहा था जिस से गले लग के रोना
दिलासा भी कोई दिलाया न उसने

उसे फ़िक्र थी मेरी ख़ुद से ज़ियादा
मैं जब सो गई तो जगाया न उसने

वो जो पेड़ पे मैंने लिखा था 'शबनम'
कभी नाम अपना मिटाया न उसने

गहराई उसमें कितनी थी इतना था देखना
हम को उतर के इश्क़ का दरिया था देखना

कब मुझ को दाग़ दिल के दिखाने का शौक़ था
मैं क्या करूँ कि सब को तमाशा था देखना

कुछ इस तरह से दफ़्न मोहब्बत को कर दिया
हम को न फिर पलट के गवारा था देखना

मौजों के बीच मुझ को डुबोया था इसलिए
साहिल से उसको मेरा नज़ारा था देखना

हर रात आसमान को तकते गुज़ार दी
क़िस्मत का मुझ को अपनी सितारा था देखना

ख़ुद घर को अपने आग लगाई थी इसलिए
बस्ती को मेरे घर का उजाला था देखना

'शबनम' अकेले लड़ना ही था मुझ को वक़्त से
फिर किसका साथ किसका सहारा था देखना

आईने से मैं हटूँ ये कहाँ गवारा है
उसने जुल्फों को मेरी इस तरह सँवारा है

है पता दिल में तेरे चाहतें बहुत-सी हैं
झूठ ही कह दे मेरा प्यार सब से प्यारा है

दिल तड़प उठा मुझ से ये जब किसी ने कहा
जो तुम्हारा था कभी आज वो हमारा है

दौलत-ए-अश्क लुटाई गई है सब तुझ पर
प्यार का सदक़ा तेरा हम ने यूँ उतारा है

उफ़्फ़ तेरा मुझ से बिछड़ना भी क्या बिछड़ना था
अब तलक आँखों से लिपटा वही नज़ारा है

अब न मेहँदी कभी हाथों में लगाना 'शबनम'
कौन देखेगा तुम्हें, कौन अब तुम्हारा है

कौन जताए प्यार को पहले दर्द इसी का सहना पड़ा
सारी उमर ही ख़ुद्दारी मैं तनहा-तनहा रहना पड़ा

प्यार से देखा आज किसी ने तब जाके एहसास हुआ
धूल अँटी है मुद्दत से सीने में इक दिल है ना पड़ा

क्या-क्या सपने बुनती हूँ मैं कितनी सारी बातें हैं
ना कह पाई जो तुझ से तस्वीर से तेरी कहना पड़ा

तनहा-तनहा रह न सकें और दर्द-ए-जुदाई सह न सकें
मर जाएँगे हम तो जानाँ तेरे बिन जो रहना पड़ा

जब से तू जीवन में आया मुझ को ऐसा लगता है
सूनी कलाई में बिरहन की जैसे कोई गहना पड़ा

साथी ऐसा कोई नहीं था जिससे लिपट के रो लेते
अश्क़ों के दरिया में 'शबनम' हम को अकेले बहना पड़ा

था माँगा मैंने जिसे सर झुका के सजदे में
मुझे वो छोड़ गया बस रुला के सजदे में

मुझे है इश्क़ तो नानक से और गोविंद से
उठाऊँ मैं न कभी सर झुका के सजदे में

कभी झुके न जबीं मेरी ग़ैर के आगे
सुरूर पाया है हमने खुदा के सजदे में

महक उसी की थी फैली हुई फ़िज़ाओं में
कि जिस को माँग लिया था दुआ के सजदे में

अज़ान-ए-इश्क़ से बेख़ुद जो कर गया मुझ को
मैं आज तक हूँ उसी बेवफ़ा के सजदे में

न छेड़ जाएँ चमन वाले उस को ये डर है
गिरी है फूल पे 'शबनम' हया के सजदे में

कब चाहा था तनहा जीना लेकिन फिर भी जीना पड़ा
ज़हर जुदाई का मर-मर के आख़िर हम को पीना पड़ा

हमने देखा लग जाती है हर इक किश्ती किनारे से
अपनी ही क़िस्मत थी ऐसी जो कि भँवर में सफीना पड़ा

ख़ाली हाथ ही आए थे हम, खाली हाथ ही जाएँगे
दुनिया में ही रह जाएगा अपना ये सारा ख़ज़ीना पड़ा

चाक गिरेबानों पे हमने हँसने वाले देखे हैं
वास्ता उनका इश्क़ो-जुनूँ से लगता है कि कभी ना पड़ा

सजदे में झुक जाती है 'शबनम', उसका जब भी दर आए
ऐसा लगे है चलते-चलते राह में जैसे मदीना पड़ा

क़यामत ये दिल पे उठा कर तो देखो
ज़रा रस्म-ए-उल्फ़त निभा कर तो देखो

मिलेगा तुम्हें दर्द चाहोगे जितना
किसी को तुम अपना बना कर तो देखो

ये मुमकिन नहीं मैं पलट कर न आऊँ
मुझे प्यार से तुम बुला कर तो देखो

वो धुल जाएगा मैल दिल पर है जितना
कभी तुम भी आँसू बहा कर तो देखो

जो मिल जाए तुम को कोई रोने वाला
तो सीने से उस को लगा कर तो देखो

जो देते थे ताना कि सोती नहीं हूँ
मुझे क़ब्र से अब जगा कर तो देखो

तुम्हारी हँसी जिन को प्यारी है 'शबनम'
उन्हें दिल के छाले दिखा कर तो देखो

कहाँ एक मुद्दत से सोए हैं हम
बस उठ-उठ के रातों को रोए हैं हम

जुदाई में शब-भर तो रोए हैं हम
हुई सुबह तब जा के सोए हैं हम

लो ख़ुशबू से कमरा महकने लगा
ये किसके खयालों में खोए हैं हम

लो हम से भी कोई मोहब्बत करेगा
कि सपने भी क्या-क्या सँजोए हैं हम

हमारे मुक़द्दर में बाँहें कहाँ
लड़ी आँसुओं की पिरोए हैं हम

लहू टपका 'शबनम' हर इक लफ़्ज़ से
क़लम अपना ख़ूँ में डुबोए हैं हम

जो तुझ से ये राहें जुदा हो गई हैं
तो साँसें भी लेना सज़ा हो गई हैं

मिटाए से मिटती नहीं उसकी यादें
ये हाथों की ज़ालिम हिना हो गई हैं

वहाँ क्या किसी से निभाएगा कोई
जहाँ पर वफ़ाएँ फ़ना हो गई हैं

कि देखूँ तो देखूँ भला ख़्वाब कैसे
ये आँखों से नींदें ख़फ़ा हो गई हैं

कभी उसने मुड़ के जो देखा है 'शबनम'
जवाँ आरज़ुएँ लगा हो गई हैं

प्यार की तुझ पे सदा मैं ने मेहरबानी रखी
रूबरू होंठों के तेरे मैं ने पेशानी रखी

हमने वफ़ाओं को तेरी क्यों जाने ठोकर मार दी
उम्र-भर इस बात की दिल में पशेमानी रखी

ठोकरों से मार कर दुनिया के एहसानात को
हम-से ख़ुद्दारों ने बाक़ी अपनी सुल्तानी रखी

ग़म ख़रीदे हमने उसके अपनी ख़ुशियाँ बेचकर
शादमानी उसको दी हम ने परेशानी रखी

ग़र समझ से काम लेते इश्क़ कर पाते कहाँ
प्यार में हम ने भी 'शबनम' थोड़ी नादानी रखी

हमें जो लगता रहा अपनी ज़िन्दगी जैसा
सुलूक उसने रखा हम से अजनबी जैसा

जो उस में खो गई तो खुद को पा लिया मैंने
ख़याल उसका लगा मुझ को बन्दगी जैसा

मैं अपने दिल में सदा सुनती हूँ तेरी धड़कन
तू जैसे मुझ में समाया है बाँसुरी जैसा

मेरे सिवा था कोई और उसके पहलू में
मेरे लिए तो ये मंज़र था बेबसी जैसा

गो ज़िन्दगी में किए कितने तज़ुर्बे हम ने
मगर न भाया कोई हम को आशिक़ी जैसा

न जाने छुप गया वो जा के किन घटाओं में
जो मेरी शब में चमकता था चाँदनी जैसा

न जाने वैर है दुनिया को मुझ से क्या 'शबनम'
हर एक चेहरे पे है रंग बेरुख़ी जैसा

धूप में भी बादलों-सी आई हूँ
मेरे हमदम मैं तेरी परछाई हूँ

रो पड़ी जब ये ख़याल आया मुझे
बाद इक मुद्दत के मैं मुस्काई हूँ

छोड़ कर वो जब से मुझ को है गया
फूल के जैसे ही मैं मुरझाई हूँ

देख ले ओ बेवफ़ा हालत मेरी
दर्द की तस्वीर-सी बन आई हूँ

अब कहाँ आँसू हैं उसके नाम के
ज़ब्त मैं जाने कहाँ से लाई हूँ

मैंने 'शबनम' उस को अपना माना है
वो समझता है मुझे हरजाई हूँ

कभी रो-रो के न वो दूर हो मेरे अल्लाह
कोई इतना भी न मजबूर हो मेरे अल्लाह

शोहरतें लिखना मुक़द्दर में, मगर है ये दुआ
कोई शोहरत पे न मग़रूर हो मेरे अल्लाह

आयतें मैं भी पढ़ा करती हूँ तेरी हर दम
मेरे हिस्से में भी कुछ नूर हो मेरे अल्लाह

ज़िन्दगी-भर यूँही रहते हुए तनहा-तनहा
दिल का हर ज़ख़्म न नासूर हो मेरे अल्लाह

नफ़रतें अहल-ए-मोहब्बत को यहाँ मिलती हैं
ख़त्म दुनिया से ये दस्तूर हो मेरे अल्लाह

बे-ख़ता पाए न 'शबनम' कोई दुनिया में सज़ा
बे-वजह कोई न रंजूर हो मेरे अल्लाह

ये हँसी अपनी इक बहाना था
अपना ग़म यार से छुपाना था

बे-वजह यूँ ही मुस्कुराना था
अश्क आँखों के कुछ छुपाना था

दिल की बातों को लफ़्ज़ दे न सकी
ग़म इसी बात का मनाना था

दिल के टुकड़े न क्यों समेटते हम
अपने सपनों को जो सजाना था

उँगलियाँ फिर लरजतीं क्यों न मेरी
नाम लिख-लिख के इक मिटाना था

आ गए सब सिमट के दिल में मेरे
इन ग़मों का कहाँ ठिकाना था

याद कर-कर के उसकी बातों को
ख़ुद ही 'शबनम' ये दिल दुखाना था

उजड़े मौसम में ये कलियों का निखरना कैसा
तू मेरे पास न हो तो ये सँवरना कैसा

आँधियाँ तो हैं हवाओं का महज़ इक ग़ुस्सा
हौसला जब हो उड़ानों का तो डरना कैसा

रुक गए थक के तो मंज़िल न मिलेगी हरगिज़
चल पड़े हो जो सफ़र पे तो ठहरना कैसा

हम भी दिल अपना कहीं और लगा ही लेंगे
जो न अपना हुआ उसके लिए मरना कैसा

जिस में कुछ भी नहीं उजड़ी हुई बस्ती के सिवा
ऐसे फिर शहर से 'शबनम' का गुज़रना कैसा

था यक़ीं मुझ को पलट के वो ज़रूर आएगा
छोड़ के वो भी मुझे चैन कहाँ पाएगा

ख़ून टपकेगा मेरी आँखों से अश्कों की जगह
क्या ख़बर थी मुझे इतना कोई तड़पाएगा

साथ तेरे तो ये मौसम था सुहाना कितना
क्या ख़बर थी कि तेरे बाद सितम ढाएगा

लाख चाहत-भरी नज़रों से तू देखे सबको
हम-सा लेकिन कहाँ अब तुझ को नज़र आएगा

अब बहारों की तरह घर को सजाना कैसा
लौट के गाँव वो 'शबनम' न कभी आएगा

वो बातें प्यार की कर ले किसी बहाने से
लगाए आस मैं बेठी हूँ इक ज़माने से

किसी से प्यार नहीं था तो ख़ुश बहुत था ये
बुरा है हाल मेरे दिल का दिल लगाने से

वो रास्ता मेरा रोके तो रुक भी जाऊँगी
चली गई तो न आऊँगी फिर बुलाने से

थे उसके जानने वाले बहुत ही बस्ती में
वो आ के मिलता किसी और के बहाने से

बताओ उसको मनाती मैं कब तलक 'शबनम'
वो बाज़ आया कहाँ रोज़ रूठ जाने से

तब के बहके हुए अब तक न सँभल पाए हैं
उसकी यादों से अभी हम न निकल पाए हैं

कब तलक साथ ये तनहाई निभाती अपना
इक तेरी याद है हम जिस से बहल पाए हैं

तू जो बदला तो लगा हम भी बदल जाएँ मगर
चाहने पर भी न हम ख़ुद को बदल पाए हैं

हमने सोचा था भुला देंगे वो शिकवे सारे
क्या करें अपनी अना को न कुचल पाए हैं

टूट के जैसे हो 'शबनम' कोई रेज़ा-रेज़ा
ऐसे बिखरे हैं कि अब तक न सँभल पाए हैं

अब लहू भी कहाँ बहता है रगों में मेरी
दर्द बन के वही छाया है रगों में मेरी

काश हाथों की लकीरों में भी होता मेरे
बन के जो रूह-सा रहता है रगों में मेरी

उस को इक दम से भुलाऊँ तो भुलाऊँ कैसे
रफ़्ता-रफ़्ता वो जो उतरा है रगों में मेरी

ख़ून तो जैसे मेरे जिस्म में पाया ही नहीं
तू ही तू सब को नज़र आया रगों में मेरी

ख़ुद को 'शबनम' से अलग कर के न ख़ुश हो इतना
अक्स फिर भी तेरा दिखता है रगों में मेरी

मैं उसको भूल जाने की कैसे दुआ करूँ
उलझी हूँ ख़ुद को कैसे मैं उस से जुदा करूँ

चाहा मिटाऊँ दिल से मैं उस की हरेक याद
दिल से मगर न वो मेरे निकला मैं क्या करूँ

चुपचाप तकता रहता है हर रोज़ जो मुझे
सोचा है दिल की बातें उसी से किया करूँ

देखा जो उसकी आँखों में मैं डूब ही गई
ऐसा चढ़ा सुरूर कि अब क्या नशा करूँ

जब से मिला वो मुझ को मैं कितना बदल गई
अब उसका शुक्रिया भी मैं कैसे अदा करूँ

'शबनम' है उसका प्यार ही मासूम इस क़दर
जी चाहता है रोज़ मैं उस से मिला करूँ

वो आसमाँ में छुप गया था जा के कहीं पर
मैं ढूँढ़ती थी चाँद, कि मिल जाए ज़मीं पर

देखूँ अगर न उस को तो लगता है ये मुझ को
जैसे कि मैं कुछ भूल गई रख के कहीं पर

माथे से मैं अपने वो निशाँ कैसे मिटाऊँ
बोसों ने तेरे छोड़े हैं जो मेरी जबीं पर

हमने ही किया प्यार हमीं ने ही दग़ा दी
चाहत में न लग जाए ये इल्ज़ाम हमीं पर

धोखे ही मुझे मिलते रहे इश्क़ में अक्सर
तक़दीर ने क्या लिख दिया ये मेरी जबीं पर

जो कह के गया था कि मिलूँगा यहीं 'शबनम'
आया नहीं वो अब भी खड़ी हूँ मैं वहीं पर

ये दिल सुलगता रहता है दिखता नहीं कभी
कैसा धुआँ है दर्द का उठता नहीं कभी

दीवानगी के वास्ते है इम्तेहाँ कड़ा
हर इश्क़ हुस्न वालों को फलता नहीं कभी

मेरी मोहब्बतों को न ठुकरा तू सोच ले
हर दिन तो फूल प्यार का खिलता नहीं कभी

शीशा जो टूटे सुनता है आवाज़ हर कोई
दिल टूटने का शोर तो सुनता नहीं कभी

दामन को थाम लो वहीं चाहत मिले जहाँ
जीवन में प्यार तो सदा मिलता नहीं कभी

दामन है ऐतबार का 'शबनम' रहे ख़याल
इक बार चाक हो तो ये सिलता नहीं कभी

दरवाज़ा अब किसी का भी खुलता नहीं कोई
जाएँ कहाँ पे हम, यहाँ रस्ता नहीं कोई

डरता है आसमाँ भी सदा उस के क़हर से
क़हर-ए-ख़ुदा से क्यों यहाँ, डरता नहीं कोई

हर शम्मा को बुझाने की ज़िद्द है हवाओं की
है ज़िद्द पे हर चिराग़ कि बुझता नहीं कोई

हम ने भी तर्क कर दिया उल्फ़त की रस्म को
अब तो मेरी निगाह में जँचता नहीं कोई

इतने उठाए ग़म हैं कि आदी से हो गए
सीने में अब तो दर्द भी उठता नहीं कोई

'शबनम' की रूह छू ले कोई ऐसा चाहिए
यूँ ही कभी किसी पे तो मरता नहीं कोई

कतरा रहा है मुझसे वो, अब मिलता कहाँ है
इकतरफ़ा प्यार का कभी गुल खिलता कहाँ है

रहती हैं ये मेहमान अमीरों के घरों की
ख़ुशियों का दिल ग़रीब के घर लगता कहाँ है

ऐसी लुटी हूँ प्यार में बतलाऊँ तुम्हें क्या
सर मेरे जैसा आज कोई धुनता कहाँ है

मैं देखती हूँ झाँक के अब सब के दिलों को
आसानियों से आदमी भी खुलता कहाँ है

फिरते हैं तेरे नाम की रुसवाइयाँ ले कर
दिल पे लगे जो दाग़ तो फिर मिटता कहाँ है

हम ने भी मोती चुन लिये 'शबनम' कि कोई हो
कंकर ये बेवफ़ाई के वो चुनता कहाँ है

तुम बरकतों को घर की इस तरह बचा लेना
मेहमान कोई हो तो सीने से लगा लेना

अच्छाइयाँ औरों की हरगिज़ न छुपाना तुम
ऐबों को मगर उनके तुम सब से छुपा लेना

आँखें जो किसी की नम मिल जाएँ कहीं तुम को
मुमकिन हो तो हर आँसू तुम उसके चुरा लेना

दीवार न उठने देना आँगन में कोई तुम
सब शिकवे भुला के तुम रिश्तों को निभा लेना

माँ-बाप मुसीबत में बन जाते हैं ढाल अक्सर
निकलो जो कभी घर से तुम उनकी दुआ लेना

करती हूँ दुआ अपने रब से मैं यही 'शबनम'
हर एक बुराई से तू मुझ को बचा लेना

ये मेरी आँख में है जो थोड़ी नमी
है कहीं न कहीं ये भी तेरी कमी

देख कर ग़ैर को वो फिसलने लगा
थोड़ी-सी काई थी उसके दिल पे जमी

आप आए तो आँखों में पानी रुका
आज कितने दिनों बाद बारिश थमी

तबाह होना तय था, कि इसी ज़िन्दगी से
खेलते हम भी थे जैसे कोई रमी

पास लाने की कोशिश में 'शबनम' उसे
हो गए दूर उफ़्फ़ वक़्त की बरहमी

है कैफ़ियत जो आज वो कैसे करें बयाँ
बिखरे हैं अपने आप को ढूँढ़ें कहाँ-कहाँ

किस-किस जतन से जाने मुझे वो मनाएगा
मैं यूँ ही उस से रूठी रही हो के बदगुमाँ

की मैंने आँखों-आँखों में उस से हरेक बात
कुछ भी न बोल पाई रही चुप मेरी ज़ुबाँ

बेजान हैं हसीन खिलौनों के जैसे सब
ज़िन्दा नहीं मिला मुझे रिश्ता कोई यहाँ

उसका कोई नहीं है ये महसूस जब हुआ
'शबनम' ने खोला, बन्द जो उस दिल का था मकाँ

चढ़ी यूँ बेबसी की धूप मोम-से पिघल गए
थे जितने रंग प्यार के वो बारिशों में धुल गए

करम है उसकी याद का मैं दर्द से तड़प गई
सिले थे जो अभी-अभी वो ज़ख़्म सारे खुल गए

न कुछ हमें था रंज जब चले थे घर को छोड़ कर
वो लोग सुर्ख़रू हुए हैं घर से जो निकल गए

वो मेरे साथ-साथ थोड़ी दूर तक था राह में
न जाने ऐसा क्या हुआ कि रास्ते बदल गए

थे जितने घाव वक़्त ने वो धीरे-धीरे भर दिए
उसे भी चैन आ गया, लो हम भी कुछ सँभल गए

अकेले पार कर लिया था दरिया हम ने आग का
हमें जो छोड़ कर गए वो ओस से भी जल गए

इस क़दर तनहाइयों से आशना हम हो गए
ख़्वाहिशों के जंगलों में रोज़ थक के सो गए

दिल के सूखे दश्त पर बरसेगा अब आ के न वो
इक ज़रा-सी ठेस पर क्यों जाने इतना रो गए

आह क्या टकराए, खाए ज़ख़्म डूबे ख़ून में
फूल जैसे लोग, जैसे पत्थरों के हो गए

फूल के तोहफ़े दिए थे मैं ने जितने लोगों को
ख़ार ही बस ख़ार मेरे जिस्म में सब बो गए

देखनी थी किस को 'शबनम' रूह की पाकीज़गी
सब के सब ही जिस्म की रानाइयों में खो गए

उस को यादों में बसा कर रो दिए
ख़ुद ही अपना दिल दुखा कर रो दिए

ग़म में डूबी ज़िन्दगी पर अपनी हम
रफ़्ता-रफ़्ता मुस्कुरा कर रो दिए

वो जला कर रोया होगा देर तक
हम भी ख़त उस के जला कर रो दिए

याद जब भी आ गई उसकी हमें
अश्क आँखों में छुपा कर रो दिए

लोग रोए खो दिया अपनों को जब
हम उसे अपना बना कर रो दिए

रास्ते, गलियाँ, वो घर, उसका नगर
दिल से हम क्या-क्या मिटा कर रो दिए

जब कभी तनहाइयों में शाम की
याद वो आया भुला कर रो दिए

जब किसी ने हम से उसकी बात की
सर को घुटनों पे झुका कर रो दिए

जब ख़याल आया हमें वो आएगा
जाने क्यों ख़ुद को सजा कर रो दिए

जाने 'शबनम' क्या हुआ किस बात पर
तज़करे उसके सुना कर रो दिए

इस से पहले बेवफ़ा हो जाता वो
काश हम से ही जुदा हो जाता वो

ठोकरों में पत्थरों-सा रह गया
गर उठा लेती ख़ुदा हो जाता वो

क्यों मोहब्बत कर के छोड़ा है हमें
पहले ही बेगानों-सा हो जाता वो

भीगती रहती मैं जी भर के सदा
काश चाहत की घटा हो जाता वो

इश्क़ में होती नहीं मिलने की शर्त
दूर रह कर भी मेरा हो जाता वो

इस तरह 'शबनम' बिखर जाती मैं क्यों
दर्द-ए-दिल की गर दवा हो जाता वो

बना के ताजमहल हम ये सज़ा पाते हैं
हमारे हाथ ही दुनिया में काटे जाते हैं

गो हम से फेर के मुँह हर कोई गुज़रता है
वो हम हैं दर्द ये सह कर जो मुस्कुराते हैं

कोई नहीं जिसे दिखलाएँ दिल के छाले हम
कुछ सितारे जो पलकों पे जगमगाते हैं

हर एक रोज़ कोई आस टूट जाती है
चिताएँ रोज़ तमन्नाओं की जलाते हैं

उखड़ती जाती हैं साँसें भी सिसकियाँ लेकर
कभी जो बिछड़े हुए लोग याद आते हैं

कोई नहीं है जो आकर समेट ले हम को
हमेशा हम ही तो तोड़े बिखेरे जाते हैं

हों छेद कितने भी सीने में अपने ऐ 'शबनम'
कि बाँसुरी की तरह फिर भी गुनगुनाते हैं

ग़म हो कोई भी मैं हर ग़म से बचा लूँ तुझ को
अश्क बन जाए तो पलकों से उठा लूँ तुझ को

तू बदल जाए कि दिल तोड़ दे मेरा हमदम
मैं तो ऐसी हूँ बहरहाल निभा लूँ तुझ को

फाँस की तरह मेरी रूह में पैवस्त है तू
इतनी आसानी से मैं कैसे निकालूँ तुझ को

कुछ तो मासूम तमन्ना का भरम रख लेता
कितने अरमान से चाहा था कि पा लूँ तुझ को

इन्तेहा प्यार की है तुझ को सलामत देखूँ
साथ मौजों में भला कैसे बहा लूँ तुझ को

याद 'शबनम' की तुझे भी कभी आती होगी
मैं भी चाहूँ कि ख़यालों में सजा लूँ तुझ को

दिल पे जितना है गुबार आज उसे धो लेंगे
बैठ के आज अकेले में कहीं रो लेंगे

दिल में चाहत लिये मर जाएँगे उसकी लेकिन
प्यार करते हैं उसे हम न कभी बोलेंगे

बेवफ़ा कह के न बदनाम करेंगे उसको
ग़म तो सह लेंगे मगर राज़ नहीं खोलेंगे

प्यार से जो भी मिला हम को निभाने वाला
साथ उसके ही सदा के लिए हम हो लेंगे

दिन हों शादाब तेरे है ये दुआ 'शबनम' की
हम तो तनहाई की रातों में कहीं रो लेंगे

इश्क़ में इतना भी मशहूर न हो जाए कहीं
वो करीब आ के मेरे दूर न हो जाए कहीं

इतनी शिद्दत से उसे चाहा कि घबरा-सा गया
प्यार करने पे वो मजबूर न हो जाए कहीं

वो मोहब्बत नहीं, करता है परस्तिश मेरी
दिल इसी बात पे मग़रूर न हो जाए कहीं

उस को आदाब मोहब्बत के कहाँ आते हैं
इश्क़ में होश से वो दूर न हो जाए कहीं

जिस को भी देखिए 'शबनम' वो मिला दिल का जला
आह दिल तोड़ना दस्तूर न हो जाए कहीं

लम्स जब उसने दिया ऐसा लगा था मुझ को
शबनमी होंठों से फूलों ने छुआ था मुझ को

आज जब मोड़ पे उस ने न पलट कर देखा
एक काँटा-सा बहुत देर चुभा था मुझ को

अब भी मुस्का के उसे चूम लिया करती हूँ
ख़त जो इक पहले-पहल उसने लिखा था मुझ को

सोने की क़ब्र-सा लगता था वो ज़रीन महल
उस में जीना भी सज़ा लगने लगा था मुझ को

काश उस रात की होती न सहर ही 'शबनम'
ख़्वाब में जब वो मेरे साथ दिखा था मुझ को

ज़ब्त है किस में कौन सहेगा
इश्क़ तो पागल कर के रहेगा

बाद तेरे ये दर्द रहेगा
हम को दिवाना कौन कहेगा

छोड़ गया वो ग़म का समन्दर
रोज़ मेरी आँखों से बहेगा

सोचा कहाँ था तुझ से बिछड़ के
दिल का मकाँ इस तरह ढहेगा

उसका कहीं जब दिल टूटेगा
ये ग़म वो किस मुँह से कहेगा

टपकेगा जो इश्क़ में 'शबनम'
अश्क वो मोती बन के रहेगा

याद रह जाएगी बस हमारी
छोड़ जाएँगे दुनिया तुम्हारी

ज़िन्दगी को हमीं जानते हैं
हमने किस-किस तरह ये गुज़ारी

एक सैलाब सीने से उठ कर
हो गया दीदा-ए-नम से जारी

और अब दिल दुखाए न कोई
खा के बैठे हैं हम ज़ख़्म कारी

दिल ने भी जुल्म कितने सहे हैं
रात भारी है दिन भी है भारी

रोती रहती है दिन-रात 'शबनम'
कैफ़ियत कौन जाने हमारी

कैसी ख़ामोशी है हलचल ढूँढ़ लेंगे
दिल कोई अपना-सा पागल ढूँढ़ लेंगे

प्यार से आग़ोश में जो ढक ले हम को
फिर से ऐसा कोई आँचल ढूँढ़ लेंगे

जो ग़ज़ब की धूप में साया बनेगा
हम भी ऐसा कोई बादल ढूँढ़ लेंगे

ऐ ग़म-ए-दौराँ कि तेरे बीच से भी
हम खुशी का कोई इक पल ढूँढ़ लेंगे

इश्क़ है दीवानगी से हम को 'शबनम'
अपने जैसा कोई पागल ढूँढ़ लेंगे

अच्छे अच्छों को है देखा ये हिमाक़त करते
गर समझ होती तो क्या ख़ाक़ मोहब्बत करते

इश्क़ वालों से हसद कुछ तो है इस दुनिया को
वर्ना क्यों लोग बिला वजह अदावत करते

दिल चुरा ले गया कोई ये हमारी है ख़ता
होता सीने में हमारे जो न ग़फ़लत करते

तू जो बेगानों में होता तो गिला ही क्या था
तुझ से न करते तो फिर किस से शिकायत करते

क़द्र किस को है यहाँ हम-से हुनर वालों की
सब को दौलत की यहाँ देखा है चाहत करते

बैठ के रोते हैं लत उसकी लगा कर दिल को
चैन से रहते ख़राब अपनी न आदत करते

मुफ़्त के चाहने वाले हैं हज़ारों अपने
वो अकेला जो अगर होता तो दावत करते

बैठ जाता है वो मुँह अपना फुला कर 'शबनम'
वर्ना बद-ज़ौक़ से कुछ हम भी शरारत करते

नज़रों से मेरी दूर तो हर रोज़ वो जाए
लेकिन वो मेरे दिल से जुदा हो के दिखाए

डूबे हैं ख़यालों में तसव्वुर में उसी के
फ़ुर्सत है किसे कौन उसे जा के बताए

मैं उसकी ही बाँहों में सिमट जाऊँगी इक दिन
ख़्वाहिश लिये फिरती हूँ यही दिल में दबाए

वो फ़िक्र-ओ-ख़याल, सोच-समझ ले गया सब कुछ
है चोर ग़ज़ब का मेरा क्या-क्या वो चुराए

वो जब से गया हो गई बेनूर दिवाली
कोठे पे दिए प्यार के अब कौन जलाए

मैं बेखुदी-ए-इश्क़ से बेज़ार हूँ 'शबनम'
सोई है मोहब्बत जो उसे कौन जगाए

भूले से किसी से मेरा चर्चा न करेगा
छुप-छुप के मुझे चाहेगा रुसवा न करेगा

मैं उसके लिए एक सहीफा हूँ मुक़द्दस
कहता है मुझे छू के वो मैला न करेगा

गर उस से ये कह दूँ कि किसी और की हूँ मैं
मेरे लिए रोएगा वो शिकवा न करेगा

मैं उस से वफ़ा कर भी न पाऊँ तो वो शायद
दे मुझ को दग़ा वो कभी ऐसा न करेगा

आयत की तरह सुनता है हर बात वो मेरी
यूँ क़द्र किसी की कोई दूजा न करेगा

'शबनम' ये बिछड़ते हुए वादा लिया उसने
तर अश्कों से दामन कभी अपना न करेगा

चैन राधा को ये बतलाओ कहाँ आता है
बन में कान्हा जो मधुर बाँसुरी बजाता है

उसका इज़हारे-मोहब्बत भी निराला था बहुत
श्याम जैसे किसी गोपी का दिल चुराता है

प्यार की जग में जो ये रीत चली है जिस से
जब भी आता है तो राधा का ही नाम आता है

उसकी ग़ज़लों में नज़र आती हूँ पोशीदा-सी
जब भी वो कोई ग़ज़ल आ के गुनगुनाता है

अपने लफ़्ज़ों में सितारों-सी ज़िया देने को
मुझ को अशआर में ग़ज़लों में वो सजाता है

वो है 'शबनम' के लिए कोई सुरीला नग़मा
आ के साँसों में जो जादू-सा जगा जाता है

होंठों पर बस दर्द में डूबीं आहें थीं
जब से बदली-बदली उसकी निगाहें थीं

कैसे किसी से बाँटते आख़िर ग़म अपना
कब अपनी बाँहों में उसकी बाँहें थीं

देखता दिल में झाँक के तो करता महसूस
अपनी हँसी के पीछे कितनी कराहें थीं

साथ न था वो तो दिल को थाम के रह गए हम
रास्ते वही हैं अब भी और वही राहें थीं

बिखरी है बस एक हवा के झोंके से
'शबनम' की बूँदों-सी हमारी चाहें थीं

छोड़ा है अब तो फ़ैसला तक़दीर पर तेरी
ऐ मौत मैं तो राज़ी हूँ तदबीर पर तेरी

मुझ पर ख़ुमार था कि जुनूँ था पता नहीं
मैंने जो होंठ रख दिए तस्वीर पर तेरी

मुझ को अगर तू माँगता मिल जाती मैं तुझे
उसका करम हुआ ही न तक़दीर पर तेरी

'शबनम' तेरे ही रंग में रँगता चला गया
हैरान हो गई हूँ मैं तासीर पर तेरी

मोहब्बत की बारिश में मुझ को भिगो के
गया वो रग-ए-जाँ में क्या-क्या समो के

मेरे रास्ते में हैं पत्थर ही पत्थर
है मंज़िल को पाना इसी रह से हो के

बहुत दस्तकें दीं तेरे बाद हम ने
खुले हम से लेकिन न दिल के झरोके

न जाने ये नस-नस में हैं कैसी गूँजें
कि रोता हो जैसे जुदा कोई हो के

ये लहरें अचानक ही थम-सी गई हैं
ख़ुदा जाने बैठी हैं किस को डुबो के

वो लौटाए 'शबनम' तो लौटा दे मुझ को
वो रातें जो काटी हैं फ़ुर्क़त में रो के

मेरी हसरतें भी अजीब हैं, मेरी आरज़ू भी अजीब है
उसे माँगती हूँ दुआओं में, किसी और का जो नसीब है

कि मरी हूँ जिस पे मैं जीते जी, है उसी से मेरी ये ज़िन्दगी
ये जो रोग है मुझे इश्क़ का, इसी रोग का वो तबीब है

मैं तो हूँ सरापा लहू-लहू कोई चारागर न है आशना
मैं समझ के इश्क़ बढ़ी जिसे, न ख़बर थी ग़म की सलीब है

न नज़र में बरसों कोई बसा, कोई पल में दिल में उतर गया
कोई पास हो के भी दूर है, कोई दूर हो के क़रीब है

जो सुनो तो लगता है दिलनशीं, जो करो तो जानिये ख़ुदकुशी
न समझ सका कोई इश्क़ को, ये रक़ीब है या हबीब है

वो है जोगी अपने ही जोग में, उसे चाह क्या ज़र-ओ-माल की
जो ख़ुदा के दर का फ़क़ीर हो उसे क्या कहें कि ग़रीब है

हम से ये तेरी कैसी है नाराज़गी भी यार
चेहरे से अयाँ हो गई है बेरुख़ी भी यार

तनहाइयों से ख़ुद में न जाले अब लगा
रख ले मिज़ाज में ज़रा आवारगी भी यार

लफ़्ज़ों में उसके ख़ार हैं उस पे न जाइए
फूलों-सी उसकी बातों में है ताज़गी भी यार

हम पे यक़ीं न कर सका वो जाने किसलिए
हम जिस की करते आए सदा बन्दगी भी यार

कैसे कहें कि चाहते हैं टूट के तुझे
ऐसी किसी को दे न ख़ुदा बेबसी भी यार

आ जाए काश कोई रुलाने के लिए ही
आई न मुद्दतों से लबों पे हँसी भी यार

'शबनम' को इश्क़ जिस से है उस को ख़बर नहीं
देखी न होगी ऐसी तो दीवानगी भी यार

ये कौन मुझ को इतनी शिद्दत से चाहता है
मैं सो रही भी हूँ तो वो मुझ में जागता है

कितनी अजीब है ये बाज़ी मोहब्बतों की
होती है जीत उसकी जो इस में हारता है

मैं हो गई किसी की मालूम है ये उसको
फिर क्यों वो रोते-रोते मुझ को पुकारता है

बन जाऊँ न सनम मैं मुझ को यही है डर
पत्थर की तरह मुझ को कोई तराशता है

रोता है टूट कर वो किस के लिए न जाने
दिल में यहाँ किसी के कब कोई झाँकता है

डरता है लग न जाए मुझ को नज़र किसी की
नज़रों से रोज़ मेरी नज़रें उतारता है

'शबनम' वो आसमाँ को तकता है हसरतों से
है कोई ग़म का मारा क्या जाने माँगता है

तारों में आवारा-सा
चाँद है इक बनजारा-सा

गलियों-गलियों घूमे हैं
पाया नहीं तुम्हारा-सा

हम को तुमने क्यों खोया
ढूँढ़ के लाओ हमारा-सा

अपनी राह बनाए खुद
दर्द है जल की धारा-सा

ला के रखा है ये किसने
दिल पे इक अंगारा-सा

हँसता है रोता है कभी
लगता इश्क़ का मारा-सा

तोड़ गया वो आख़िर क्यों
साँसों का इकतारा-सा

काली रात से डरना क्या
निकलेगा उजियारा-सा

मुझ को देना मेरे साईं
दोस्त कोई इक प्यारा सा

चीख़ रहा है शबनम 'शबनम'
कौन है वो बेचारा-सा

दुनिया में हर क़रार की होती निशानी है
लेकिन मोहब्बतों में तो सब कुछ ज़ुबानी है

मुमकिन है भूल जाए मुझे आगे चल के वो
उस को तो भूल जाने की आदत पुरानी है

जब भी हुआ है प्यार तो एकतरफ़ा ही हुआ
क़िस्मत में बार-बार हमें चोट खानी है

किस दिल से मुस्कुराएँगे और कितनी देर तक
एक दिन तो आँख दर्द से अपनी भर आनी है

हम ख़ुद ही पोंछ लेंगे इसे आस्तीन से
ठहरा हुआ जो पलकों पे नमकीन पानी है

कोई तो आ के पूछता 'शबनम' ये प्यार से
डूबी ये किस के ग़म में तेरी ज़िन्दगानी है

उसने मेरी वफ़ा पर जब बेरुख़ी दिखाई
दिल पर मेरे क़यामत ना जाने कैसी आई

ग़ैरों पे अच्छा होता हम ऐतबार करते
करके भरोसा हम ने अपनों से चोट खाई

जैसे कोई ताल्लुक़ उस से हमारा टूटा
ऐसी किसी की रब्बा जग में न हो जुदाई

चैन-ओ-सुकून छोड़ो ना आस ना दिलासा
हम ने भी ऐ ख़ुदा ये क्या ज़िन्दगी है पाई

समझा ही कब वो पागल झगड़े मोहब्बतों के
रोएगा याद करके किससे करे लड़ाई

टहनी का कोई पत्ता जब उसको छू रहा था
तो शाख़ की कली वो धीरे-से मुस्कुराई

चाहें अगर जहाँ को किस दिल से चाहें 'शबनम'
आख़िर वफ़ा किसी से किस ने यहाँ निभाई

दिल बच के अगर तुझ से जाए तो किधर जाए
तू ही नज़र आता है जिस सिम्त नज़र जाए

मैं गुम हूँ मोहब्बत में सर गोद में है उसकी
ऐ काश यहीं गर्दिश दुनिया की ठहर जाए

ग़ज़लों में चमकते हैं अल्फ़ाज़ सितारों-से
वो रूह में गर उतरें तो इश्क़ निखर जाए

इक ग़म का ही मौसम है जो आ के नहीं जाता
हर रुत तो यहाँ वर्ना आ-आ के गुज़र जाए

ये सोच के ही अब तक साथ उसका निभाया है
गर मुझ से बिछड़ जाए मुमकिन है वो मर जाए

रंग कोई भी हो 'शबनम' फीका कभी पड़ता है
रंग इश्क़ का ऐसा है जिसका न असर जाए

नींद का चाहिए था रोज़ बहाना हम को
ख़्वाब बस उसका था आँखों में सजाना हम को

भूल जाना जो कभी चाहो भुलाना हम को
अपनी नज़रों से मगर तुम न गिराना हम को

ज़िन्दगी तू ही बता दे कि किधर जाएँ अब
अब मय्यसर नहीं कोई भी ठिकाना हम को

दर्द अश्कों से लिखा छोड़ के जब जाएँगे
मुद्दतों याद रखेगा ये ज़माना हम को

इश्क़ में उसके फिरा करते हैं मारे-मारे
कर गया पल में ही वो ऐसा दिवाना हम को

और भी ज़ोर से हम हँस दिए ख़ुद पर 'शबनम'
ज़िन्दगी ने कभी चाहा जो रुलाना हम को

मैं सोचती ही रह गई ये क्या वो कर गया
आँखों के रास्ते से वो दिल में उतर गया

खिड़की से आ गया मेरे बिस्तर पे एक चाँद
मेरे बदन में चाँदनी चाहत की भर गया

मुझ पर घटा-सा टूट के बरसा ये जाने कौन
फिर से ये रंग-रूप मेरा तो निखर गया

रातें भी उसके नाम की शामें भी उसकी हैं
बस ये ही सोचते हुए इक-इक पहर गया

शाने पे उसने मेरे जो सर अपना रख दिया
मुझ को लगा के जैसे ज़माना ठहर गया

हम पर किसी के प्यार की छाई थी इक धनक
बादल जो दिल के टूटे तो सब कुछ बिखर गया

'शबनम' थे उस से कैसे मरासिम न पूछिए
देखे बिना ही आज हमें जो गुज़र गया

न तो मैं किसी की हूँ आशिक़ी न किसी के दिल का मैं प्यार हूँ
कोई फूल जिस पे न खिल सका मैं तो ऐसी शाख़-ए-बहार हूँ

मुझे अपने रंग में ही रँग दिया मुझे तू ने अपना-सा ढंग दिया
दिल-ओ-जाँ से हाथ ही धो गई मैं तो ऐसी तुझ पे निसार हूँ

कहीं कम-नसीबी थी हुस्न की कहीं बेक़रारी थी इश्क़ की
मुझे ले गया वो यूँ छीन कर मैं पुराना जैसे उधार हूँ

वो सितारे अर्श पे यूँ लगे कि शरारे हैं मेरी आह के
जो लगाई तू ने जिगर में है उसी आग की मैं शिकार हूँ

कोई प्यार अपना जताए क्यों कोई पास अपने बुलाए क्यों
कोई मुझ को दिल से लगाए क्यों कि मैं रास्ते का ग़ुबार हूँ

जो तड़पती मेरी सदा सुनो तो तुम्हें यक़ीन ये आएगा
मैं किसी की दुख-भरी आह हूँ मैं किसी के दिल की पुकार हूँ

पढ़ूँगी फिर से उन्हें जिन को छोड़ आई हूँ
मैं उन किताबों के कुछ वर्क मोड़ आई हूँ

बने थे ऐसे ताल्लुक़ जो दिल का बोझ बने
उन्हें सदा के लिए अब मैं तोड़ आई हूँ

जो दिल ग़ुरूर में आ कर किसी ने तोड़ा था
में हँस के दिल के वही टुकड़े जोड़ आई हूँ

बहुत थी ज़िद जिसे कमज़ोर मुझ को करने की
वो दुश्मनी की कलाई मरोड़ आई हूँ

अब उसके नाम पे 'शबनम' बहाऊँ आँसू क्या
मैं अश्क आँखों के सारे निचोड़ आई हूँ

सिलसिला अब भी है आँखों को रुलाने वाला
जो मिला मुझ को तो बस दिल ही दुखाने वाला

हसरतों ने मेरी दम तोड़ दिया है तनहा
न मिला कोई मेरा प्यार निभाने वाला

शोले उठते रहे तौबा मेरा दिल जलने तक
पास आया न कोई आग बुझाने वाला

क्या कहूँ कैसे वो टूटेगा बिछड़ के मुझ से
है दुआ कोई मिले उस को बचाने वाला

कौन जाने कि मैं रह पाऊँगी ज़िन्दा कैसे
कोई अपना है मुझे छोड़ के जाने वाला

और भी निकले कई चाहने वाले उस के
वो जो है मुझ को फ़क़त अपना बताने वाला

छुपने वाले हैं ये अब सारे सितारे 'शबनम'
अब तो सो जाओ नहीं अब कोई आने वाला

क्या कहें कैसा लगा तेरा वो दामन छू कर
कि जैसे उतरे ज़मीं पर कोई गगन छू कर

लो सोने जैसी तेरी उँगलियाँ चमकने लगीं
ये चाँद जैसा दमकता हुआ बदन छू कर

तुम्हारे लम्स से रौशन हुई यूँ रूह मेरी
लगे कि गुज़री है मुझ को कोई किरन छू कर

महक रही है मेरी साँसों में अजब ख़ुशबू
गया है किस का मुझे आज पैरहन छू कर

जो उस के दिल में था काग़ज़ पे वो उतर आया
मैं जैसे लिखती हूँ उस का ही रंग-ओ-फ़न छू कर

सहीफ़े रोज़ उतरते हैं मुझ पे रातों को
जिन्हें मैं लिखती हूँ ग़ज़लों की अंजुमन छू कर

है सब को आरज़ू मेरे लबों को छूने की
कि देखे कोई तो ज़ख़्मों की ये जलन छू कर

है उसके चेहरे पे 'शबनम' जो आज इतनी ख़ुशी
गुलाब खिल उठे मेरा हसीन तन छू कर

ये क्या खुशबुओं जैसा मुझ में बसा है
बदन जब से तू ने ये मेरा छुआ है

मेरी साँसों में ख़ुशबुओं का है मौसम
मुझे छू के उस ने तो महका दिया है

वो पागल हमेशा ये कहता है मुझ से
तुम्हें हुस्न क्यों चाँद जैसा मिला है

बदन जल उठा मेरा शोलों के जैसा
जो एहसास ने उस के मुझ को छुआ है

मिज़ाजन बहक जाऊँ ऐसी नहीं थी
मगर प्यार ने उस के बहका दिया है

लगा मुझ को ऐसा जब उस से मिली तो
मेरा उस से जन्मों का रिश्ता रहा है

उठा कर भला खिलते फूलों से 'शबनम'
ये आँखों में किस ने तुझे रख लिया है

कि शबनम भी क्या थी ये सोचा करेगा
ज़माना कभी हम पे रोया करेगा

ख़बर क्या थी उस को ख़ुदा मैं लगूँगी
मेरा ये जुनूँ उस की पूजा करेगा

न उस को मिली मैं तो राहों में रुक कर
पता मेरा हर इक से पूछा करेगा

वो ज़ुल्फ़ों को सहलाने वाला नहीं गर
तो फिर कौन मुझ को सुलाया करेगा

रखो याद ये है कहावत पुरानी
वो वैसा भरेगा जो जैसा करेगा

है किरदार अपना भी पोशीदा सा 'शबनम'
जो आँसू छुपा कर हँसाया करेगा

है शिकायत गर उन्हें तो कहने दे
आँख से आँसुओं को बहने दे

मुझ को कहता है जान से प्यारी
सिर्फ़ बातें हैं तेरी रहने दे

हो मुबारक तुझे ये हमदर्दी
ग़म हमारे हमीं को सहने दे

इस को आबाद अब नहीं करना
उजड़े दिल की हवेली ढहने दे

अब ख़ुशी भी यूँ मिली है 'शबनम'
जैसे विधवा को कोई गहने दे

जो पहली बार मिल के मुझे अजनबी लगा
फिर जाने क्या हुआ वो मेरी ज़िन्दगी लगा

वो अपने दिल के बदले मेरे दिल को ले गया
अन्दाज़-ए-आशिक़ी मुझे सौदागरी लगा

मानूस इतना हो गया दिल ग़म से क्या कहें
चाहत में जो भी ग़म मिला हम को ख़ुशी लगा

खेले नहीं हैं खेल कभी बेवफ़ाई के
दे के फ़रेब हम को, न बाज़ी कोई लगा

इज़हार चाहतों का किया भी तो इस तरह
मुझ को किसी ग़रीब की जो बेबसी लगा

'शबनम' थी उसकी आँखों में पाकीज़गी बहुत
यूँ देखना भी उस का मुझे बन्दगी लगा

सोचा था हम ने रक्खेगा जाँ से सँभाल कर
सीने से उसको दे दिया ये दिल निकाल कर

शायद न माँग बैठें कहीं मौत की दुआ
ऐ ज़िन्दगी, न इतना भी जीना मुहाल कर

जब होश आया हम को तो सर पर नहीं था वो
देखा था उसके नाम का आँचल भी डाल कर

दिल पर लगे ये दाग़ भी तोहफ़े किसी के हैं
किसने दिए हैं हम को न अब ये सवाल कर

बाँहें ये तेरी लगने लगीं क़ैद अब मुझे
इन बेड़ियों से प्यार की मुझ को बहाल कर

कब तक जियेगी इस तरह घुट-घुट के ये बता
अरमान दिल के रख दे तू सारे निकाल कर

'शबनम' अगर है फूल तो रख ले सँभाल कर
काँटा अगर है फेंक दे दिल से निकाल कर

वो ज़रा-सा गर तकल्लुफ़ इश्क़ में कर जाएगा
है ये मुमकिन दिल हमारा दर्द से भर जाएगा

सोचती हूँ छोड़ दूँ मैं उस को उस के हाल पर
क्या करूँ मेरे बिना, घुट-घुट के वो मर जाएगा

देखता है चाहतों से और भी कोई मुझे
क्या कमी पूरी कोई दिल की मेरे कर जाएगा

जिन को बीनाई के जैसा आँख में हम ने रखा
क्या ख़बर थी एक दिन वो आँख तर कर जाएगा

उसके आने की ख़ुशी की इन्तेहा मत पूछिए
जाने क्या फिर होगा 'शबनम' जब वो दिलबर जाएगा

इश्क़ में ये बदगुमानी भी सज़ा लगने लगे
हो के हम तुझ से ख़फ़ा ख़ुद से ख़फ़ा लगने लगे

खुल के रोने से उन्हें अब कौन रोकेगा भला
ज़ख़्म को पुरवाइयों की जब हवा लगने लगे

तुम हमारे बा-वफ़ा होने की देते थे सनद
आज ऐसा क्या हुआ हम बेवफ़ा लगने लगे

कौन ज़ालिम को बताए प्यार का इक बोल भी
घाव पे मरहम के रखने की अदा लगने लगे

जान लीजे हैं सितारे औज पे तक़दीर के
साथ अपनों के जो ग़ैरों की दुआ लगने लगे

आजिज़ी से झुक के मिलना प्यार में ये ठीक है
लेकिन इतना भी नहीं 'शबनम', ख़ुदा लगने लगे

फिर दिल को लगाने में बहुत देर लगेगी
अब उस को भुलाने में बहुत देर लगेगी

पहली ही दफ़ा इश्क़ में रूठा है वो मुझ से
आशिक़ को मनाने में बहुत देर लगेगी

होता तो नहीं चाँद मुक़द्दर में सभी के
ये उस को बताने में बहुत देर लगेगी

मैं उस के लिए जैसे कि शर्मीली दुल्हन हूँ
घूँघट को उठाने में बहुत देर लगेगी

कुछ इतना उसे छेड़ा ख़फ़ा हो गया मुझ से
अब उस को मनाने में बहुत देर लगेगी

किस बात पे क्या जाने उसे चुप-सी लगी है
'शबनम' को रुलाने में बहुत देर लगेगी

हमें जब से साथ तेरा मिला तो तेरे ही रंग में ढल गए
कभी इतने बदले न थे कि हम तुझे पा के जितना बदल गए

कभी मुँह को हम से न मोड़ना न अकेला राह में छोड़ना
कि ज़माना सारा ये छोड़ कर तेरे साथ हम तो निकल गए

न थी अपने हाल की कुछ ख़बर कि भटकते फिरते थे दर-बदर
ये नसीब की हैं नवाज़िशें तू मिला तो हम भी सँभल गए

तेरे आने की जो ख़बर मिली तो निगाह राह में टिक गई
हुए बेक़रार तेरे लिए तेरी आरज़ू में मचल गए

भला ऐसी तुझ में थी आग क्या, नहीं चल सका ये हमें पता
छुआ तू ने प्यार में इस तरह तेरे बाज़ुओं में पिघल गए

तेरी गलियों के सिवा इस का गुज़ारा अब कहाँ
जाए भी तो जाएगा ये दिल हमारा अब कहाँ

डोर ये साँसों की मेरे टूट जाए ग़म नहीं
उस के पहलू से उठूँ ये है गवारा अब कहाँ

हम न होंगे तो हमारी याद हर दम आएगी
कौन बतलाएगा ये वो जाँ से प्यारा अब कहाँ

जाने वाले लौट आ आख़िर जहाँ में बिन तेरे
सोच ले तू भी, लगेगा दिल हमारा अब कहाँ

बात क्यों उस बेवफ़ा की करती हो 'शबनम' यहाँ
तुम ने चाहा था जिसे वो है तुम्हारा अब कहाँ

ज़ख़्म गहरा है ये माना पर कभी सिल जाएगा
फूल इन पे रखने वाला कोई तो मिल जाएगा

ये जो मेरे जिस्म में इक ख़ार जैसा दश्त है
उसकी बाँहों में समा कर फूल-सा खिल जाएगा

मिल गया है दोस्तों से हम को ये सौगात में
ज़िन्दगी का दर्द ये भी अब तो तिल-तिल जाएगा

क्या ख़बर थी मुझ में बिखरा है जो ख़ुशबू की तरह
उस से भी पिछले जन्म का सिलसिला मिल जाएगा

थी ख़बर 'शबनम' को क्या रह जाएगी हैरान यूँ
देखते ही उस की जानिब हाथ से दिल जाएगा

देखती हूँ वो जो उसकी इक सितारा आँख में है
इश्क़ कर बैठा है मुझ से इस्तेआरा आँख में है

आ के मेरी आँख में वो इस तरह रहने लगा
जब भी देखूँ मैं कहीं उस का नज़ारा आँख में है

कैसी-कैसी ख़्वाहिशें मुझ में उठी हैं आजकल ये
देखना चाहे जो कोई हर इशारा आँख में है

जाने क्या वो ढूँढ़ता रहता है मेरी आँख में
उस को लगता है कि शायद दिल हमारा आँख में है

छोड़ कर उसने ये सोचा कौन चाहेगा हमें
हम भी बतलाएँगे उस को तुझ से प्यारा आँख में है

उस को 'शबनम' मत गिराना अपनी पलकों से कभी तुम
आसमाँ से वो जो उतरा एक तारा आँख में है

इक बार कर के देखो तुम ये सवाल ख़ुद से
आया नहीं है यूँ ही हम पर ज़वाल ख़ुद से

हम छू गए फ़लक को ये था असर दुआ का
सोचो न ये हुआ है ऐसा कमाल ख़ुद से

क्यों है ग़ुरूर ख़ुद पर सब कुछ दिया है रब ने
आता नहीं किसी पर हुस्न-ओ-जमाल ख़ुद से

रब ने अता किया है जो भी सुख़न है मुझ में
लाऊँगी मैं कहाँ से ऐसा ख़याल ख़ुद से

ये मेहरबानियाँ सब दरअस्ल इश्क़ की हैं
हम टूट कर न होते वरना निढाल ख़ुद से

'शबनम' कुछ ऐसा कर लो तुम अपनी ज़िन्दगी में
हो जाओ इस जहाँ में तुम बेमिसाल ख़ुद से

तेरे शहर से हम कहीं दूर जाएँ
कि अपनी नई कोई दुनिया बसाएँ

चले जाएँ हम उस की दुनिया से ऐसे
हो कुछ भी मगर फिर पलट कर न आएँ

उसे हम ने देखा था यूँ आज़मा कर
किसी से कभी कोई धोखा न खाएँ

ये टूटा है क्या जाने मेरे बदन में
सहारा मिले तो कहीं बैठ जाएँ

न भूले हुए हम हैं परवाज़ अपनी
उड़ें आसमाँ तक रिहाई जो पाएँ

जो है और का हम उसे अपना कह कर
बिला वजह दिल क्यों किसी का दुखाएँ

कि अब उस की कुछ भी मैं लगती नहीं हूँ
चलो आज 'शबनम' उसे ये बताएँ

दरिया से वो साज़िश करने वाला है
बादल तो सहरा पे बरसने वाला है

जुगनू जैसे मुट्ठी में बन्द कर लूँगी
उसकी आँख से आँसू गिरने वाला है

देर से मैंने प्यार को क्यों जतलाया है
मुझ से वो इस बात पे लड़ने वाला है

ख़ुद पे न हो मग़रूर, ले वापस प्यार अपना
हम पे कोई और भी मरने वाला है

सुबह से ये दिल बैठ गया है जाने क्यों
शायद कोई आज बिछड़ने वाला है

मेरा चेहरा थाम के 'शबनम' हाथों में
मुझ को वो ग़ज़लों-सा पढ़ने वाला है

देखते ही देखते वो मेरी जाँ तक आ गया
चलते-चलते इश्क़ में वो भी कहाँ तक आ गया

इश्क़ की रानाइयाँ जब हद से आगे बढ़ गईं
वो मुझे फिर साथ ले कर कहकशाँ तक आ गया

धीरे-धीरे बढ़ रहा था जाने कैसा दर्द था
आँसुओं तक था कभी आह-ओ-फ़ुगाँ तक आ गया

हो गया ख़ामोश जव, इक शोर-सा जो मुझ में था
चीख़ कर सन्नाटा सीने से जुबाँ तक आ गया

उस को अपने दर से वापस कैसे अब 'शबनम' करे
अपनी दुनिया से जो अब मेरे जहाँ तक आ गया

ज़िद्द है अगर सताना तो ढंग से सताइए
यानी कि बार-बार मेरा दिल दुखाइए

शायद कि टूट जाए ये चुप-सी लगी हुई
थोड़ा तरस तो खाइए हम को रुलाइए

क्या पूछते हो हम से क्यों ये नींदें छिन गईं
हम-सा कभी तो आप भी ये ग़म उठाइए

कोई दिलासा और न है तसकीन-ए-दिल की बात
अब इस तरह तो छोड़ के हम को न जाइए

ज़िन्दा न रह सकेंगे अकेले तो हम कभी भी
कब आइएगा लौट के ये तो बताइए

क्यों रो पड़ा न जाने वो जब हम ने ये कहा
हम दूर जा रहे हैं ज़रा मुस्कुराइए

'शबनम' कोई भी उस से मैं शिकवा न कर सकी
दिल तोड़ के जो बोला हमें भूल जाइए

अब कोई रिश्ता न कोई राब्ता है
चाहतों का फिर भी उस से सिलसिला है

प्यार जिस से हो गया है मेरे दिल को
ग़म तो ये है वो किसी को चाहता है

बेरुख़ी ही बेरुख़ी हर मोड़ पर है
क्या यही अपनी वफ़ाओं का सिला है

अब कहाँ बरताव पहले-सा है उस का
क्या ये हम अब मान लें वो बेवफ़ा है

सोचते हैं अश्क आँखों में लिये हम
दिल दुखा के उस को जाने क्या मिला है

जाने वो किस बात पे रोया है 'शबनम'
आज जाने क्यों हमारा दिल दुखा है

है इसी में उस की अगर ख़ुशी न मैं उस से जा के मिला करूँ
कि भरम रहे यूँही प्यार का मैं कभी न उस को ख़फ़ा करूँ

जो क़दम-क़दम मेरे साथ है मेरी ज़िन्दगी मेरी आस है
मेरी रूह में जो समा गया उसे कैसे अब मैं जुदा करूँ

मैं ख़फ़ा ज़रा-सा जो हो गई तो सिसक-सिसक के वो रो पड़ा
उसे बाँहों में न भरूँ अगर ये बताए कोई मैं क्या करूँ

ये बदन पे मेरे जो ज़ख़्म हैं, किसी तौर इन को मैं भर भी लूँ
हैं जो छाले दिल में पड़े हुए कहो कैसे इन की दवा करूँ

कभी पास मेरे वो आए तो या मुझे क़रीब बुलाए तो
है अजीव दिल की ये कशमकश कोई ये बताए मैं क्या करूँ

मुझे चाहने वो लगा है अब जो कि दूर था मेरी चाह से
ये गवारा कैसे हो फिर मुझे वो वफ़ा करे मैं ज़फ़ा करूँ

सजदे में सर झुकाया तो सोचा था आप को
माँगा था शिद्दतों से कभी इतना आप को

बस दर्द को हमारे जुबाँ ही न मिल सकी
वरना सुनाते हाल कभी अपना आप को

सरमाया पास जब कोई ग़म के सिवा न था
ख़ुशियाँ भी ला के देते भला हम क्या आप को

खाई गई थीं किसलिए क़समें वफ़ाओं की
गर तीर ही जिगर पे चलाना था आप को

'शबनम' भी क्या करे ये है तक़दीर का सितम
यूँ हम को तन्हा छोड़ के जाना था आप को

कभी जो बुलाएँ तो आ जाइएगा
यूँ वादों से हम को न बहलाइएगा

ये माना मोहब्बत छुपाना है लाज़िम
कभी तो मगर आ के जतलाइएगा

सबब क्या है दूरी का पूछेगी दुनिया
तो दुनिया की ख़ातिर ही मिल जाइएगा

अब इतनी भी क्या हम से नाराज़गी है
है शिकवा कोई गर तो बतलाइएगा

ये मुमकिन नहीं आप की हम न मानें
हो ख़्वाहिश कोई दिल की फ़रमाइएगा

शिकायत तो 'शबनम' को भी आप से है
उसे भी मनाने कभी आइएगा

यूँ इक टीस-सी दिल में उठने लगी हो
हरी शाख़ जैसे सुलगने लगी हो

कभी ओढ़े रातों को तारों की चादर
तेरी याद आ-आ के मिलने लगी हो

ये दिल मेरा चाहे मिलूँ उस से तनहा
ये ख़्वाहिश भी जैसे बहकने लगी हो

घटा देख कर ये जो अँगड़ाई आई
ये बारिश का मौसम समझने लगी हो

बदन के गुलाबों को छूते ही उस के
लगा मुझ में खुशबू महकने लगी हो

ये लगता है 'शबनम' तेरे पास आ कर
मेरी आरज़ू अब मचलने लगी हो

ग़मों से वास्ता है तनहा हम इस पर न घबराते
हमारी आँख के आँसू तेरी आँखों में आ जाते

भरोसा सब पे करने की अगर आदत नहीं होती
जो धोखे खाए हैं हम ने कभी इतने नहीं खाते

ये सब उस का करम है जिस की दुनिया पर हुकूमत है
हवाओं में दिये वरना कहाँ हम भी जला पाते

तेरे ही नाम से जाने है ये सारा जहाँ हम को
अगर मिलता न तू हम को तो हम गुमनाम हो जाते

वो जो इक बात तुझ में है किसी में भी नहीं देखी
न करते प्यार तुझ से तो कभी ख़ुद पर न इतराते

बस इतनी बात पर माना है दुनिया ने बुरा 'शबनम'
क्यों इस से बेख़याली में भी हम धोखा नहीं खाते

लबों पे थरथराहट थी बढ़ी थीं धड़कनें इतनी
है तुझ से प्यार ये कहने में भी थीं उलझनें इतनी

लिबासों से इसे आकर कोई आज़ाद कर जाए
बदन रातों में अब लेने लगा है करवटें इतनी

तसव्वुर से मेरे हटती नहीं आग़ोश अब उसकी
मेरे बिस्तर पे उसने छोड़ दी हैं सिलवटें इतनी

ज़माने बाद हमने की सफ़ाई आज जब घर की
तड़प उठ्ठी थीं कोनों में पुरानी हसरतें इतनी

ये जो 'शबनम' मोहब्बत है इसी को ज़िन्दगी जाना
कहाँ जी पाते आख़िर साथ लेकर नफ़रतें इतनी

बैठ के वो भी आँसू ख़ूब बहाएगा
प्यार उसे जो मेरी तरह हो जाएगा

जाने क्यों ये सोच के मैं रो देती हूँ
कौन तुझे अब मेरी तरह से चाहेगा

मेरा भी अब भूलना उसको मुश्किल है
वो भी शायद मुझ को भूल न पाएगा

हम को जो लत अपनी तू ने लगा दी है
जीते जी अब इसको कौन छुड़ाएगा

देख के भी अनदेखा तू कर देता है
तेरे जैसा दिल को कौन दुखाएगा

चाहत से तो देखने वाले कितने हैं
लेकिन तुझ-सा कौन हमें अब भाएगा

जब भी 'शबनम' उसको भुलाना चाहेंगे
याद हमें फिर उतना ही वो आएगा

दिल पे अपने वो मोहब्बत का असर क्या लेंगे
ख़ाक में मिलने तलक अपनी ख़बर क्या लेंगे

गाँव लौटा दो उन्हें उन के ग़नीमत है यही
जो हैं मिट्टी से जुड़े वो ये नगर क्या लेंगे

जो अदावत का नशा दिल में लिये फिरते हैं
हम से वो लोग मोहब्बत का हुनर क्या लेंगे

आग लग जाए यहाँ जिन के घरों में हर रोज़
उम्र भर आह वो बदबख़्त भी घर क्या लेंगे

नाग जितने भी लिपट जाएँगे हम से 'शबनम'
जो हों चंदन-से ज़हर का वो असर क्या लेंगे

वो इस तरह से होश-ओ-हवास अपना खो गया
चेहरे की गर्द भूल के आईना धो गया

आवाज़ इक लगाते हुए जागते रहो
बस्ती का चौकीदार कहीं जा के सो गया

हर सिम्त बाँटता हुआ निकला जो नफ़रतें
अफ़सोस उस के साथ ज़माना भी हो गया

कहता था हम उगाएँगे सब्ज़ा ज़मीन पर
दे के फ़रेब हम को वो बारूद बो गया

'शबनम' ये ज़िन्दगी का सफ़र भी अजीब है
आया नहीं पलट के वो इक बार जो गया

मिलने वो मुझसे आया बदन कोई छोड़ कर
उतरे ज़मीं पे जैसे गगन कोई छोड़ कर

मुझ से वो इश्क़ करने फ़क़त अपनी रूह से
आया है मेरे पास बदन कोई छोड़ कर

चेहरे पर वो चमक नहीं कल जो थी मेरे पास
मुझ को चली गई है किरन कोई छोड़ कर

रख आई सारे रस्म-ओ-रिवायात ताक़ पर
तेरे लिए मैं आई चलन कोई छोड़ कर

मेहबूब की दुल्हन को सजाया इन हाथों से
'शबनम' दिखाए दिल की जलन कोई छोड़ कर

न सोना न चाँदी न धन चाहती हूँ
मैं अपने वतन में अमन चाहती हूँ

न हिंदू न मुसलिम न सिख और ईसाई
मैं इंसानियत का मिलन चाहती हूँ

अज़ानों का शंखों का हो शोर हर सू
पुराना वही मैं चलन चाहती हूँ

किसी की किसी से न दिल में हो नफ़रत
रहे साफ़-सुथरा ये मन चाहती हूँ

हो जिसकी बुलंदी पे मेरा तिरंगा
निगाहों में ऐसा गगन चाहती हूँ

झड़ें फूल सब की ज़ुबाँ से यहाँ पर
मैं उर्दू का यारो चलन चाहती हूँ

हर इक रंग के फूल 'शबनम' यहाँ हों
मैं इस देश में वह चमन चाहती हूँ

इस इश्क़ पे भी आज कोई भारी पड़ा है
आशिक़ से अब तो दूर ही माशूक़ खड़ा है

ग़लती से माँग ले कोई माशूक़ से बोसा
बदले में उसने थप्पड़ इक मुँह पे जड़ा है

जिन पर सवार भूत था हर दम ही इश्क़ का
अब जाके वही भूत कोरोना से झड़ा है

सर चाहे जितना पीट लो दीदारे-यार को
घर से निकलने देगा कहाँ, ज़िद पे अड़ा है

बैठा है घर दुबक के कोरोना के ख़ौफ़ से
हर एक पहलवान जो दस-दस से लड़ा है

बाहर न आइएगा गँवाने को अपनी जाँ
घर में ही बन्द रहिये, ये वक़्त कड़ा है

'शबनम' जो चूर-चूर थे ताक़त के नशे में
घुटनों पे टिक गये हैं, कि अल्लाह ही बड़ा है

मौत खड़ी है सड़कों पर और घर में भूख का मंज़र है
कोई तो हमको ये बतलाए, मरना किस से बहतर है?

वाहे गुरु की मेहर भी देखो, पहरों में, पाबन्दी में
रोटी लेकर कोई फ़रिश्ता फिर भी पहुँचा घर घर है

कर बैठे नाराज़ ख़ुदा को, हम अपने किरदारों से
कहता है आज़ाव ये उसका इन्साँ कितना बदतर है

लाशों पर करते हैं सियासत जानें कैसे लोग हैं ये?
ज़हनों में है जिनके नफ़रत और जुबाँ पर ख़ंजर है

जब से घर में क़ैद हुए हैं, 'शबनम' सब को लगता है
काँटे से उग आए हैं इस में, ये जो घर का बिस्तर है